善泉稽注

中国古钱币历史背景、逸闻趣事、名珍实录

刘保华 编著

西北大学出版社
·西安·

图书在版编目（CIP）数据

善泉稽注 ：中国古钱币历史背景、逸闻趣事、名珍实录 / 刘保华编著 . -- 西安 ：西北大学出版社，2025.3. -- ISBN 978-7-5604-5641-6

Ⅰ. K875.62

中国国家版本馆 CIP 数据核字第 2025CL7069 号

SHANQUAN JIZHU

善泉稽注

——中国古钱币历史背景、逸闻趣事、名珍实录

刘保华　编著

西北大学出版社出版发行

（西北大学校内　邮编：710069　电话：029-88302621）

全国新华书店经销　　陕西龙山海天艺术印务有限公司

开本：889 毫米×1194 毫米　1/16　印张：16

2025 年 3 月第 1 版　2025 年 3 月第 1 次印刷

字数：300 千字

ISBN 978-7-5604-5641-6　定价：268.00 元

前言

西周早期，在渭河流域，宗室贵族铸造了一件珍贵的青铜器——何尊，并在其上镌刻铭文“宅兹中国”，还说他们的祖先是炎帝和黄帝，并自称华夏民族。他们刀耕火种，采集狩猎，机智勇敢，豪放豁达，怀华夏永存之志，知兴替存亡之道。他们的目标是“社稷万年，子孙永享”。

其实，在几千年后的今天，他们的目标已经实现——我们能够触摸到先祖们遗留下来的古钱币。

中国的古钱币源远流长，积淀深厚，承前启后，博大精深，是蕴藏在中华文化宝库中的历史的典籍、文明的缩影、悲壮的故事。

不知从什么时候起，我们中的一些人开始在华夏大地上用几年甚至几十年的时间苦苦探寻历代古钱币的萌发诞生，辨识不同的版别和类型，获取传承有序的实物标本，目的是积累资料和知识，探索古钱币背后的历史，欣赏古人的艺术表现力。总之，既是为了探索与传承，更是为了从优秀的历史文化中汲取智慧和营养。

人类需要历史文化的滋养，古钱币既是物质载体，也是精神营养。这些古钱币，有的红斑绿锈，形色可人；有的磨损严重，残破不堪；有的生坑厚泥，密不透风。当这些支离破碎的钱币、濒临灭迹的孤品被发现并聚集到一起时，它们居然“开口说话”了，一起向我们讲述它们“非凡的一生”。这既是先祖们留给我们的智慧结晶，也是从另一个层面书写的中华历史文明。

我们只有把这些能够体现中华文明的古钱币作为文化宝藏，当作良师益友，才能获得知识的教益，体味其中的意趣，感悟做人的道理，提升人生的境界。

本书是我以尊崇的心态，用图文并茂的表现形式，按照中国历史沿革——夏、商、西周、春秋战国，秦、汉、三国、两晋、南北朝，隋、唐、五代十国，宋、辽、金、西夏，元、明、清，中华民国，以上包括异族番邦、农民政权以及当时的花钱等，共收集整理了600多枚（组）古钱币的相关资料，从铸造源头、币种辨识、货币制度、流通渠道、官钱私铸、形制品质和消亡缘由等方面介绍了它们的历史背景、逸闻趣事和名珍实录，希望从中感悟不同时期历史政治、经济、文化的变迁，探索积淀深厚的审美内涵，了解华夏民族的文化心态，洞察芸芸众生在货币交换中的诸多微妙变化，力求做到科学性、历史性、艺术性、趣味性、可读性完美结合。其中，有些钱币因为资料匮乏，只能按图索骥；有些内容不可创新，需要将前人研究且已有定论的资料、评论或网络释文作为素材。如空首布，战国半两钱，唐开元通宝，宋年号钱和母钱，清新疆红钱和西藏打制银币，以及民国时期的“袁大头”、陕西五两银锭和二分铜圆等，细察有别，印证着它们的时代足迹，见证着王朝更迭和文化的交融与传承。

一枚枚小小的古钱币，从铸造流通到沉寂出土，历经百千年，承载着多少历史的重量？它们曾是市井百姓的柴米油盐，也曾是帝王将相的权力象征；既承载着古人的智慧与梦想，也寄托着我们对历史的敬畏与尊崇。如今，它们被收藏，被研究，被编辑成册，成为连接过去与现在的桥梁。让我们穿越时空，触摸历史的脉搏，感受中华文明的博大精深，将中国古钱币的历史故事娓娓道来……

目 录

第一章

青铜伊始，异彩纷呈

——夏、商、西周、春秋战国（前 2070—前 221）钱币

远古货币历史的记忆

朋友，当您使用纸币或电子支付平台购买商品时，您知道人类最早的钱币的历史和形态吗？

远古时期，随着黄河流域农耕文化的发展壮大，商品交换日益频繁，在物欲的驱使下，先民们将他们手中被汗水浸湿的兽牙链子、心上人脖子上熠熠生辉的璀璨贝珠，变成物物交换中最早的明星——贝币。

商周是使用贝币的鼎盛时期，所以贝自然成了财富的象征。贝作为我国最早的货币形式之一，至今仍然留有明显的遗迹。在我们使用的汉字中，“贵”“贱”“财”“货”“贸”“赎”“贪”等与财富和价值有关的文字都与“贝”有着密切的联系。

随着商品交换更加频繁，以及南海贝的自然损耗，贝变得供不应求，于是出现了人工仿制的石贝、骨贝、玉贝和青铜贝。贝币书写了中国古钱币历史的开端，而青铜贝的出现更是表明当时商业逐渐发达和青铜冶炼的伊始。

随着商品交换进一步发展繁荣，金属铸币逐渐成为货币历史的主角。在中原农耕地区，由家家户户必备的青铜农具铲逐渐发展出原始布。原始布成为购买商品的货币，展示出华丽的形态。

战国时期，在周王畿、晋、郑、魏、宋等地区，主要流通的货币又由原始布演变成空首布。今天，实物图片的展示，唤起了我们对远古货币历史的记忆……

“镈”工具铲（摘自《缘聚三晋》）

原始空首布（摘自《缘聚三晋》）

| 人类最早的货币——贝 |

三四千年前，我们祖先使用一种光洁美丽、小巧玲珑、坚固耐磨、便于携带、易于计数的天然海贝作为商品交换的媒介——货币。当时计算贝的单位是“朋”，十贝为一朋。

随着经济的发展，海贝开始供不应求，出现了石贝、骨贝、蚌贝、玉贝等代用品。1971年，山西保德商代晚期墓出土了以仿海贝形式铸造的青铜贝。这些青铜贝既是中国早期的铜铸币，也是人类较早的金属货币。

自然贝、石贝、骨贝、玳瑁贝、青铜贝等，都是商代中晚期铸造的，形态各异，原始质朴。

| 青铜（鎏金）贝 |
呈椭圆形，下部尖，正面外凸圆滑，背面内凹，中部通透，挖槽边有刺痕，表面无任何装饰。锈色呈深绿色且有红斑，分布自然均匀，不易脱落，在放大镜下能看到结晶体。

| 自然贝 |

| 石贝、骨贝 |

| 玳瑁贝 |

| 青铜（鎏金）贝 |

| 青铜（鎏金）贝 |

| 鲁国铸大型贝币——鲁贝 |

鲁贝，西周后期鲁国铸，形制不同于一般铜贝，是一种大型青铜贝币，因受流通区域限制，存量较少。

鲁国在近800年的国祚中，鼎盛时期疆域北至泰山，南达徐淮，东至黄海，西抵定陶，辖今山东济宁、临沂、泰安及菏泽部分地区，还孕育出孔子、孟子等至今仍妇孺皆知的人物。史料证明，鲁国货币自西周初年起，直至战国晚期，基本沿着海贝—骨贝—石贝—铜贝—包金铜贝这样一条线索在发展。1981年，曲阜地区发掘春秋战国墓葬，出土了一批仿磨背式铜质贝币，这类贝币最终被定性为鲁国青铜铸币——大型鲁贝。

鲁贝在贝币文化圈具有自己的特色，在先秦诸货币系统中有着不可忽视的地位。

| 鲁贝 |
存量不多。
长45.3毫米
厚3.3毫米左右
重5.5克

| 先秦货币的新发现 |

早期的金属货币，除了有仿制的青铜贝币，还有仿制的其他青铜物，如与实物形似而形体较小的鱼、戈、磬、桥等形状的青铜货币。

商代铜鱼币：

清末，陕西、河南境内黄河流域一带的殷商墓中经常成批量出土鱼形青铜物。有人认为这应该是渔民行用之币，也有人猜测这是明器或佩饰。但根据鱼形青铜物与海贝同时出土且数量相同的现象，古钱币研究者认为，这些鱼形青铜物应是从装饰品发展而来的早期殷商的货币。

| 铜鱼币 |

带工艺大型鱼币

形制各异的鱼币

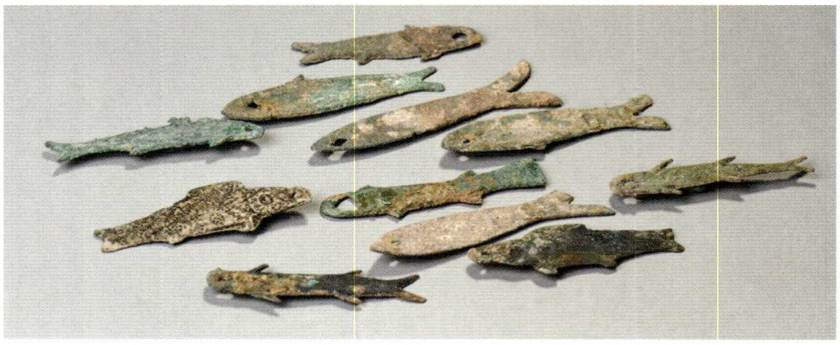

越国铜戈币：

几十年前，浙江绍兴先后出土了数千枚仿制青铜戈。这些仿制青铜戈明显小于真戈，且大小不一：大的长150毫米，厚1毫米左右，重10克左右；小的长7毫米，厚0.6毫米，重1.5克；还有更轻、更小、更薄的，容易折断。

戈上没有文字，制作粗糙，应是春秋战国初期之物。关于其性质、用途，尚无定论。主要的观点认为这是越国的货币，因为越人尚武，仿照兵器制作货币是有可能的，如北方游牧民族仿照刀制作货币一样。越国铜戈币存世稀少。

铜戈币一组

战国大型磬形币：

币身如磬，故称“磬形币”。主要分布在河南、四川、湖北、陕西、山西、山东、湖南、甘肃、内蒙古等地，数量众多。器形、纹饰变化多样，有尖顶桥裆的、弧顶桥裆的，有平足的、兽头足的，有顶部无穿孔的、顶部有穿孔的，有顶部有纽的，有素面无纹的，还有带各种图纹的，如方纹、人字纹、回纹、珠点纹、麦穗纹等。大小轻重变化颇多。

| 虎头螭纹磬形币 |
大型虎头磬形币，铸有螭纹图案，复杂多样，较少见。

桥形币：

最早出现于春秋晚期，至西汉早期不再使用，跨越时代较长。关于其性质，学术界长期以来未有统一认识，主要有两种观点：一种认为是货币，一种认为是饰件。较少见。

| 桥形币 |

百家争鸣，异彩纷呈

春秋战国时期，由于南北方不同的自然地理条件，逐渐形成了不同流通领域的四大货币体系。

北方地区，布币：先后流通于周王畿、郑、晋、宋、韩、赵、魏、燕等国，其形制各有差异。

南方地区，蚁鼻钱：俗称“鬼脸钱”，主要流通于楚国，其形制各有差异。

东方地区，刀币：主要流通于齐、燕、赵等国，其形制各有差异。

中原地区，圜钱：主要流通于秦、东周、赵等国。

布币、蚁鼻钱、刀币、圜钱构成了中国货币史上先秦时期的四大货币体系。

现存于大英博物馆的布币、蚁鼻钱、刀币、圜钱

晋阳尖足布

周王畿、郑、晋、宋、韩、赵、魏、燕等国铸，其形制各有差异。钱体轻薄，黑漆古锈色古朴。

高 54.7 毫米
厚 2 毫米
重约 6.1 克

蚁鼻钱

楚国铸，仿贝铜钱。面文形似蚂蚁歇于鼻尖，又像令人瑟缩的恐怖鬼脸，故称“蚁鼻钱”或“鬼脸钱”。

尖首刀

燕、赵等国铸，锈色翠绿，略发蓝色。

长 140 ~ 170 毫米
重 6 ~ 18 克

半两圜钱

秦、东周、赵等国铸。钱体厚重。钱文为大篆，古朴粗犷。锈色艳丽凝重。

直径约 32.2 毫米
厚 2.53 ~ 2.9 毫米
重约 10.2 克

| 耸肩弧足空首布 |

耸肩弧足空首布是春秋战国时期周王畿、晋、郑、宋等国铸行的一种金属货币，是我国早期较大的金属铸币之一。属布币体系中的分支，有特大型和较小型两种。西周始铸，春秋晚期盛行，公元前221年被秦始皇废止。

此币为青铜铸造，铜色青白，铸造精良。首部细长而中空，上粗下细，呈楔形，留有范芯，肩部上耸，足部长而尖，币身极薄。

| 耸肩弧足空首布 |
正反面均有三条平行的垂直线，纤细有力。无钱文。颇为少见。

高约160毫米
肩宽约60毫米
厚0.7～1毫米
重35.3～37克

卢氏空首布

春秋战国时期周王畿、晋、郑、卫等国所铸，是布币体系中的分支。在河南三门峡市陕州区出土较多。西周始铸，春秋晚期盛行，公元前221年被秦始皇废止。

首部中空，为楔形，两侧有范线，中间有不规则的穿孔。斜肩，足部略尖，弧裆，面、背上均有呈放射状的直线，周边有极浅的外廓。

卢氏空首布

卢氏空首布品种不多，钱文多为纪地，其中以“武”字布最为常见。珍稀。

高 86.9 毫米
足宽 46.7 毫米
重约 25.3 克

安臧空首布

始铸于春秋晚期，盛行于战国中期，是周王畿及其邻近地区（今山西、河北南部和河南北部）的铸币。分为大、小两种。钱文“安臧”为大篆，阳文。

安臧空首布

薄翠绿锈，有块状白斑，干净结实。珍稀。

高 72.2 毫米
肩宽 36.1 毫米
重约 19 克

| 平肩弧足空首布 |

春秋战国早期的铸币，种类繁多，主要由周王室铸造，卫、宋等国也有少量铸造。一般分为大、中、小三种。大型布通常高约100毫米，足宽50毫米，重约35克；中型布通常高约85毫米，重10～20克；小型布通常高约70毫米，重约13克。钱文多为单字或两字，四字者少见，多为纪数、纪地、纪天干、纪地支等，如“七”“八”“辛”“曰”“羊”“上京”或“东周”“西周”等，多达100余种，均稀少。

| 平肩弧足空首布 |
薄翠绿锈，均匀自然，不易脱落。
高96.9毫米
肩宽46.6毫米
重约26.5克

| 涅阴锐角布 |

战国中期韩、魏等国铸，平首，平肩，顶端左右出尖角，方足，平裆。

战国时期的韩国比较弱小，西有秦，东接魏，北有赵，强敌环伺。早期的韩国统治者也希望变法图强，韩哀侯二年（前 375），灭郑国，并将国都迁于新郑（今河南新郑），版图得到扩充，变法的条件也进一步成熟。韩昭侯八年（前 355），用原郑国京邑（今河南荥阳东南）人申不害为相，实施变法。申不害为战国中期法家的代表人物，据《史记》记载，申不害相韩，“内修政教，外应诸侯，十五年。终申子之身，国治兵强，无侵韩者”。韩昭侯死后，后继国君均昏聩无能，胸无大志，遂使韩国不断受到各国蚕食，终至灭亡。综合泉界对大型锐角布铸造年代的推测及韩国政治兴衰的史实，大型锐角布很可能铸于韩昭侯在位期间（前 362—前 333）。

| 涅阴锐角布 |

薄翠绿锈，均匀自然，结实而不易脱落。正面有一条竖线，背面有三条竖线。币身较薄。周边有廓。造型精美规整，铸造精良。传世极少，属先秦珍稀货币。

高 72.6 毫米
厚 2.4 毫米
重约 17.3 克

| 楚国铸币，自成一体 |

战国中后期，楚国的中心地区向江淮一带转移，史称“楚风东渐”。楚国位于长江流域，丰富的黄金资源为楚国提供了物质基础，使得其钱币独具特色、自成一体，包括金钣、蚁鼻钱、楚大布、桥足布等钱币。在宿地（今安徽宿州）铸铢布当釿背“十货”，俗称“楚大布”。

铢布当釿背“十货”：

首部平肩，棱形凸起，方足方裆。钱文布局合理，字体修长飘逸，笔画精瘦，起收笔均以露锋显示，结字奇特。币身修长，上密下疏，上宽下窄，首部中间有圆形穿孔，穿孔与裆部之间有一条垂线，足部外撇，略束腰，底章平整，且力道十足。有内廓、外廓。面文中“釿”字是当时通用的货币计量单位。背文“十货”为纪值（“十货”相当于10个铸币）。面文和背文均为阳文。传世较少。

| 铢布当釿背“十货” |

高100毫米
重约33克

蚁鼻钱：

战国早期楚国铸造的一种仿贝铜钱。其形似贝而偏小，钱文阴铸，常见的有“各六铢”“金”“君”“行”“俗”“贝”等十几种钱文。这种蚁鼻钱在长江中下游各地均有大量出土。

| 蚁鼻钱 |

铜色暗红，蓝绿锈，有熟坑、生坑，仿海贝铸造。形体小巧，呈椭圆形。下部较窄，有一小孔。正面上凸，背面平滑。顶部一般留有浇口。面文阴刻。

长19.7毫米
重3克

| 郢爰（网络图片）|

郢爰：

战国时期楚国都城郢所铸黄金货币，多为块状，含金量达99%。正面文字有“郢爰”“专爰”“卢金”等，均为阴文。使用时按印记切开支付。这是中国最早的固态黄金铸币。

| 济阴圜钱（网络图片）|
钱径大，较厚，有熟坑红斑，温润入骨。传世甚少。

直径38.1毫米
孔径9.2毫米
厚1.2毫米
重约8.8克

| 济阴圜钱 |

济阴，邑名，即今山西省万荣县荣河镇。战国时期本为魏邑，后为秦国占领。该圜钱铸工不精，无内外廓，背平素。

| 藺圆裆布 |

| 藺圆裆布 |
背“十”是范次标记。

高约72毫米
面宽31～39毫米
重约11.8克

藺指藺邑，即今山西省柳林县孟门镇，曾属赵国。铸造带有“藺”字的货币是为了满足商业交往的需要。在战国时期的四大货币体系中，带有“藺”字的货币几乎都出现过。其中以“藺”字方足布、尖足布存世较多，其余均少，“藺”字刀币尤为罕见。

藺圆裆布，战国中期赵国铸，圆首，圆肩，圆足，圆裆，面、背周边均有外廓。“藺”字为大篆，字体古朴。属纪地币，多出土于山西、陕西、河南、河北一带，传世不多，属先秦货币中的名珍。圆裆布由于便于携带，当时被认为是一种进步的铸币形式，先后被秦、齐、燕等国仿铸。

| 藺圜钱 |

圜钱是先秦货币的一大系统，主要流通于战国时期的秦国和魏国。圆形，中央有一圆孔，钱上铸有文字。一说由仿制纺轮而来，一说由璧环演变而来，是在中国流通2000多年的方孔圆钱的前身。

目前发现有垣、共、长垣一釿、共屯赤金、半睘、济阴、安臧、封坪、藺、重一两十二铢、重一两十四铢、东周、西周等10余种圜钱。

圜钱的铸造方法比较原始，铸成后不经打磨加工，仅将铜钱与流道凿开，故在钱身边缘能找到浇口的痕迹。

藺圜钱为魏国铸，币身正圆，略薄，内有圆孔，无内外廓，币面平整，素背光滑，边缘留有浇口，属先秦货币名珍之一。

| 藺圜钱 |
翠绿锈，露铜处有黑漆古包浆，结实。

直径41毫米
孔径约15毫米
厚1.1毫米
重约8.1克

| 垣圜钱 |
薄绿锈，面背有斑驳的黑漆古包浆。

直径32.2毫米
孔径6.6毫米
厚1.3毫米
重约6.4克

离石圆足布

离石，即今山西省吕梁市离石区，战国时期为赵国属地。比地距秦很近，曾是秦、赵、魏争夺之地。

《战国策》记载，秦昭王时，秦国大将白起屡次率兵攻打蔺和离石，这必然会对商贸活动产生影响。离石圆足布厚大精美，说明当时离石地区的社会经济、商品贸易还是相对繁荣的。

离石圆足布（网络图片）

赵国铸。圆肩，圆裆。薄翠绿锈，均匀自然，露铜处黑漆包浆，结实而不易脱落。存世稀少，属先秦货币中的珍稀品种。

高 78.4 毫米
厚 1.6 毫米
重约 16.3 克

共圜钱

圜钱铸造简单，携带方便。共圜钱为战国中晚期魏国所铸，币身正圆，略薄，内有圆孔，无内外廓。币面平整，素背光滑，边缘一般留有浇口。

共圜钱

钱文“共”字笔画苍劲挺拔，深浅一致，古朴规整。青铜铸造，锈色深绿。珍稀。

直径 44.1 毫米
孔径 4.6 毫米
厚 1.2 毫米
重约 9.3 克

直径 43.5 毫米
孔径 5.6 毫米
厚 1.3 毫米
重约 10.2 克

|安阳、平阳、宅阳等方足布|

方足布种类繁多，数量巨大，对其铸造区域和国家的判定以及钱文的释读等，都是收藏研究的方向和课题。

钱文的书写、布局等排列对比，以及版式的区分，都能增加收藏乐趣。比如，方足布中传形相对于直读较少见，平阳布中传形又是最少的，等等。

|安阳、平阳、宅阳等方足布一组|

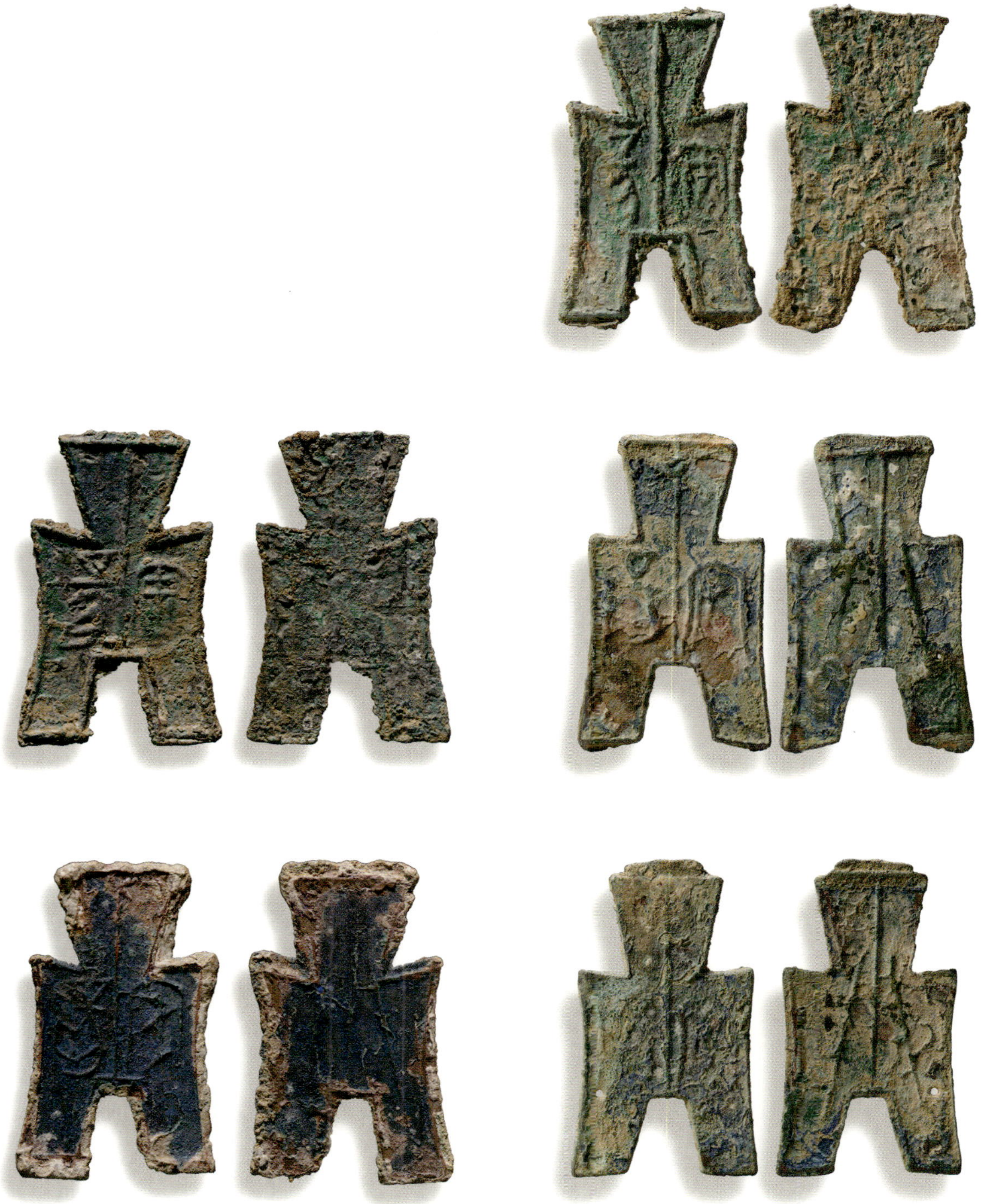

坪阴、襄坪等小型方足布

坪阴、襄坪方足布是燕布中最常见的品种，有光背、背文两种。其反书“坪”“襄”较少见，传形更少。背文“左”反书者也少见。背“二”者更是极少见。

|坪阴、襄坪等小型方足布一组|

尖足布

繁寺尖足布

钱文繁复，钱体轻薄。翠绿结晶锈，均匀自然。

高 55 毫米
厚 1.4 毫米
重约 6.5 克

春秋战国时期，晋国为建立霸业而铸行尖足布。尖足布最初在晋国北部流通，后来逐步扩大了流通范围，与当时在河南一带流通的空首布平分天下，这给了晋国霸业持久有力的支持。

大型空首布较重，体积大，价值高，购买力也高，无法用于小额支付，平民百姓也深受钱重之苦，喜欢小型尖足布或者是“轻钱”，用来进行社会交易。尖足布的样式与大布相同，长约56毫米，钱上标有一个“半”字，表示相当于大布的一半。尖足布因携带方便，既满足了当时的社会需求，又促进了晋国商品贸易的发展，不久便成为晋国市场上的主币。

尖足布因轻重适宜、政府发行费用低而大受市场欢迎。其他地方也纷纷铸造尖足布，如大阴、中阳、中都、平州、平阳、兹氏、邪山、武平、长葛、梁邑、埒邑、晋阳、文阳、离石、蔺、寿阴、繁寺等，这是我国铸币史上空前的现象。

晋阳尖足布

钱体轻薄，黑漆古锈色。

高 54.7 毫米
厚 2 毫米
重约 6.1 克

尖足布铸行不足200年，原因有三点：

一是所用的铜料含铅过多，缺乏弹性，受力差，币身轻薄。

二是贮藏、携带不方便，易伤人，易折损。

三是沿用的是一钱一范的古老方法铸造，因而产量少，无法满足当时市场流通的需要。

考古发现，尖足布数量不多，而初期的大布更是少见。钱文倒置、传形、直读的形制更受重视。总之，尖足布以其造型优美、数量少，曾被认为是世界古钱行列中较为珍贵的钱币。

大阴尖足布

币形规整，重量轻。黑漆古包浆，结实。

高 55.1 毫米
厚 1.3 毫米
重约 6.6 克

繁寺，即今山西省繁峙县。繁寺尖足布为战国晚期晋国所铸。首部扁平，上端有浇口，耸肩，尖足，钱身轻薄，有浅廓。正反面有两条线，中部有一垂线。为纪地币，多在晋北地区出土。钱文为大篆，自右向左读，笔画纤细繁复，书写极不规则，字体复杂多变，不易辨认。铸造不精，存世极少，属平首尖足布中的珍稀品。

| 梁半釿、梁一釿桥足布 |

战国中晚期魏国所铸，迄今发现有40余种。首部扁平，顶端留有浇口，中间有一不规则穿孔。平肩，方足，圆裆，无外廓，币身较厚。背面平素无文。计重单位多标为釿，面值有半釿、一釿、二釿。一釿相当于秦制一两，约为今16克。

| 梁半釿桥足布 |

青铜质，钱文为小篆。红斑绿锈，古朴。

高42毫米
厚1.8毫米
重约7.9克

高43.5毫米
厚1.7毫米
重约8.2克

| 梁一釿桥足布 |

钱文倒书，笔画粗壮有力，字口平直深峻。生坑，硬红斑锈，入骨自然。传世稀少。

高54.2毫米
厚2.4毫米
重约14.2克

高56.5毫米
厚2.1毫米
重约15克

安邑一釿、安邑二釿桥足布

战国中晚期魏国所铸，有大型、中型、小型三种。大型的通高65毫米左右，重28～30克；中型的通高55毫米左右，重14～18克；小型的通高40毫米左右，重6～8克。

安邑为魏国前都城，在今山西省西南方向。安邑一釿、安邑二釿背有“安”字，多倒书，为大篆阳文，书写工整有力。

安邑一釿桥足布

高55.8毫米
重约12.3克

安邑一釿桥足布

高55.2毫米
重约13.5克

安邑二釿桥足布

高45毫米
重约11克

安邑二釿桥足布

高41毫米
重约10克

安邑二釿桥足布

高39毫米
重约9克

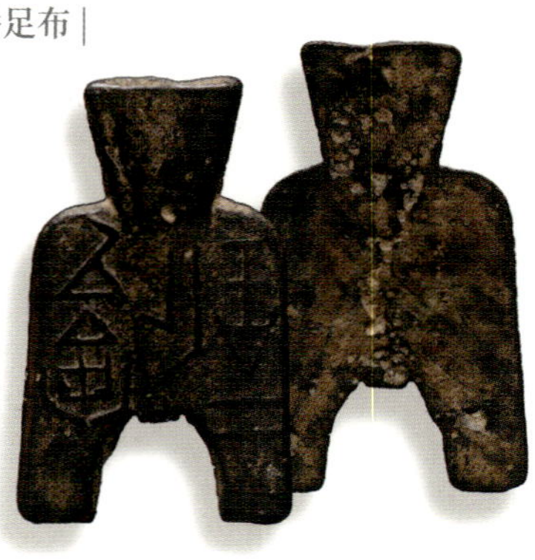

| 梁充釿五十二当寽桥足布 |

战国中期魏迁都大梁（今河南开封）后所铸钱币。圆肩扁平，呈倒梯状，方足，圆裆，平背，周边无廓。钱身厚重，顶端多留有浇口。

| 梁充釿五十二当寽桥足布 |
钱体大而厚重。钱文为大篆，古朴深峻，笔画粗壮有力。粉绿色硬锈，与钱体结合紧密。稀见。

高 61.2 毫米
宽 37.6 毫米
厚 2.3 毫米
重 20.4 克

高 61.4 毫米
宽 38.1 毫米
厚 2.4 毫米
重 22.1 克

高 63.2 毫米
宽 37.5 毫米
厚 3.2 毫米
重 25 克

高 62.1 毫米
宽 38.2 毫米
厚 2.8 毫米
重 26.2 克

| 齐国刀币一组 |

吹尽狂沙始到金，
缕缕青烟随风去。

| 齐国刀币——“齐大刀” |

刀币（由日常工具刀演化而来）是春秋战国时期形式最为独特的货币，在中国货币史上占有重要的地位。

齐国、燕国、赵国等国家都大量使用刀币，但所使用刀币的形制略有不同。赵国流通的是赵刀；燕国使用的是明刀、尖首刀；而齐国的刀币最精美，刀身宽大，钱文华美，俗称“齐大刀”，在刀币中首屈一指。

东周时期，齐国地处东海之滨，依靠渔盐生产和发达的工商业，早就开始铸造本国的货币了。齐国的刀币制作精美，钱文生动，充分体现了齐人高超的制造工艺。

齐国刀币的发展经历了两个时期：

一是春秋时期，为姜齐刀币，流通时间为公元前685年至公元前386年。面文是“地名+之法化”，已经知道的有“齐之法化”“安阳之法化”“节墨之法化”等，因其面文为四字或五字，故称“四字刀”“五字刀”。面部边缘自刀尖隆起，至刀身与刀柄之间中断。

二是战国时期，为田齐刀币，流通时间为公元前386年以后。面文是“地名+法化”，已经知道的有“齐法化”“齐建邦铱法化”等，因其面文为三字或六字，故称“三字刀”“六字刀”。面部边缘自刀尖隆起，至刀身与刀柄直通。

早年在山东济南历城大量出土，应为齐都临淄所铸。出土资料表明，这些刀币上有绳索捆扎的痕迹，是被有意识地窖藏的，估计应是在秦始皇二十六年（前221）前后埋藏的。秦始皇统一六国后，下令统一全国的度量衡、文字和货币，原六国的货币必将严重贬值，有钱人不甘心失去这笔财富，就想办法把自己的刀币埋藏起来，以避免损失。

此后，由于社会动荡，刀币的主人或丧亡，或无法找到藏钱的标志，只能把它们遗留给后人了。其他地区出现的先秦刀币窖藏也应属同样的情况。

齐国刀币分为三字刀、四字刀、五字刀、六字刀。除三字刀数量较多外，其他均稀少。六字刀最珍稀，为中国钱币五十名珍之一。

齐法化

战国中期齐威王、齐宣王朝所铸，为统一币制的大型刀币。“齐”指齐都临淄，“法化”意为标准货币。

齐法化

背“日”，石范铸造，大小不一，币文精整。流通广，传世较多。

长 174 毫米
宽 22 ~ 27 毫米
重约 45 克

齐法化

钱文“齐法化”，为大篆阳文，字体纤细有力，是在石范上刻画而成。

长 163 毫米
宽 22 ~ 26 毫米
重约 42 克

| 安阳之法化 |

齐国铸，纪地币，宽大精美，钱文华丽。

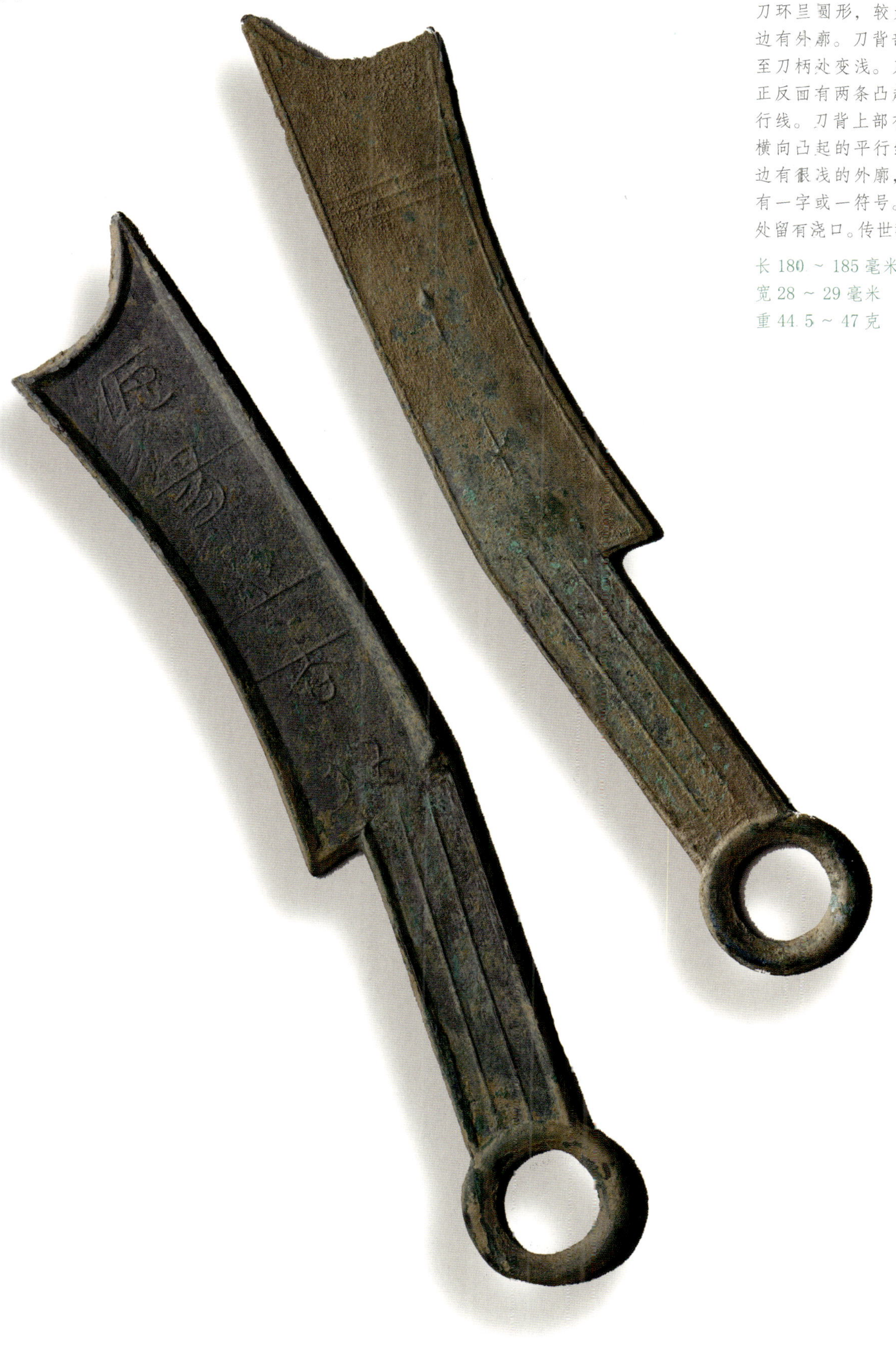

| 安阳之法化 |
钱文为大篆阳文，是在石范上刻画而成。背部呈外凸弧形，刃部内凹。首部呈尖状，柄部略窄。刀环呈圆形，较大，周边有外廓。刀背部外廓至刀柄处变浅。刀柄的正反面有两条凸起的平行线。刀背上部有三条横向凸起的平行线，周边有很浅的外廓，下部有一字或一符号。刀环处留有浇口。传世稀少。

长 180 ~ 185 毫米
宽 28 ~ 29 毫米
重 44.5 ~ 47 克

| 齐之法化背“法甘” |
形同安阳之法化。传世稀少。

长 183 ~ 185 毫米
宽 28.7 毫米
重 44.5 ~ 50.5 克

| 齐之法化 |

齐国安阳铸，纪地币，宽大精美，钱文华丽。

| 即墨之法化 |

春秋战国时期齐邑即墨铸造。“即墨”即今山东省青岛市即墨区。

| 即墨之法化背“安邦”（网络图片）|

形同早期的齐之法化，身长、体重均为齐刀币中最大者，也是最早出现的“齐大刀”。青铜质，铸工精。传世不多。

长 183 ~ 190 毫米
宽 30 毫米
重 44.5 ~ 50.5 克

| 即墨之法化背“安邦” |

燕明刀

燕明刀

刀身为弧形，也有折背形的，较薄。首部斜平。周边有外廓。刀柄较窄，中间有两条平行线。刀环小而圆，多有浇口。正面“明”字，形如一日一月。背文种类颇多。

长 139.4 ~ 140 毫米
宽 18.5 毫米
重 13.7 ~ 14.2 克

战国时期燕国铸行的主要流通货币，其中刀身方折的多为战国后期所铸。其钱文相当复杂，可分为五类：

1. 数字类或文字类，如“一”“二”“五”“鱼”“鸟日”“化”“工”“行”等；

2. “左”字类，如“左一”“左八”“左下”等；

3. “右”字类，如“右丁”“右石”“右邑”等；

4. “治”字类，如“治十”“治川”“治同”等；

5. 符号类。

明刀为先秦货币中最常见的一种，极具特色，铸量极大，流通较广，河北、辽宁、内蒙古、山东等地均有大量出土。

燕明刀一组

| 白人刀 |

战国时期赵邑柏人所铸。“白”通“柏”，在今河北隆尧县境。“白人”即“柏人”。白人刀形似甘丹刀，然刀背更直，刃微凹，钝首，可谓典型之赵直刀。

赵国是三晋之一，起初定都于晋阳（今山西太原），后来迁都至邯郸（今河北邯郸），工商业发达，铸造货币也超过其他各国。流通和使用的货币以布币为主。赵国与燕国的货币经济关系较深，所以赵国的国都邯郸及主要大城市也铸行刀币。战国时期思想家荀况的《富国》一文中就有“厚刀布之敛以夺之财，重田野之税以夺之食，苛关市之征以难其事”的话。赵国铸行刀币不会早于燕国，更不会早于齐国。

目前传世的“赵刀”数量不多，减重的现象也不明显，与“燕刀”大小相同。

| 白人刀 |

刀身较薄。圆首。刀柄部较窄，有两条平行线。刀环呈扁圆形，有浇口。深绿锈色，均匀自然。

长 130 ~ 145 毫米

重 10 ~ 13 克

|尖首刀|

春秋晚期至战国初期燕国所铸的一种刀形钱币。钱文或在正面或在背面，位置多变，文字古拙。有纪干支和符号者，如“一”“五”“六”“乙”“丁”“上”“化”“形”“工”“刀”“日”“鱼”等。尖首刀模式纷繁，存量少于明刀而多于齐刀。

|尖首刀|

刀身薄，首部呈尖刃状，首部及刃部无外廓。刀柄较窄，中间有两条平行线，无外廓。刀环较大，留有浇口。锈色翠绿，略发蓝色。

长 140 ~ 170 毫米
重 10 ~ 18 克

| 賹化系列圜钱 |

战国后期齐襄王退燕复国后所铸，有賹化、賹四化、賹六化。賹为齐国的黄金称量单位。

賹化：直径24毫米，穿宽10毫米，重2.5克，铸量稀少，反映出因货币贬值而多铸大钱的情况。

賹四化：直径28毫米，穿宽11毫米，重7克。

賹六化：直径35毫米，穿宽12毫米，重8.5克。

賹化系列圜钱均有内外廓，素背，边缘处有浇口。钱文为大篆阳文，古拙凝重。

| 賹化、賹四化、賹六化圜钱 |

| 明化系列圜钱 |

战国晚期燕国所铸方孔圆钱，有一化、明化、明四化三种，其中明四化遗存最少。与燕明刀相比，其重量更小，钱径更小，厚度更薄，反映了战国晚期燕国经济的衰落。

明四化圜钱是燕铸方孔圆钱中钱径和重量最大者，也是燕币中最为罕见者，被列为古钱珍品。

| 明化圜钱 |

直径25毫米
穿宽8毫米
重5克

| 明四化圜钱 |

直径29毫米
重6克左右

| 一化圜钱 |

直径 19.5 毫米
穿宽 7 毫米
重 1.5 克

| 一化圜钱 |

| 两甾圜钱 |

战国晚期秦昭王十六年（前 291）至秦昭王四十一年（前 266）所铸圜钱。

铸主穰侯魏冉、泾阳君公子芾，铸地在穰城（今河南邓州）。当时只流通于魏冉和公子芾的封地。因铸造时间短，流通区域小，铸量少，仅有少量流通到域外，如今流传下来的寥若晨星。

一甾为 6 铢。两甾为 12 铢，即半两。两甾圜钱是半两钱的异形钱。钱文为篆书。

| 两甾圜钱 |

外圆内方，钱文高挺，笔画端正。早期无廓，后期有外廓。

直径 33 毫米
穿宽 5.7 毫米
厚 2.8 毫米
重 7.6 克

| 铢重一两十二、铢重一两十四圜钱 |

战国中后期，秦国任用商鞅实施变法，效仿赵国铸造以计重为主的圜钱，其特点是圆形、圆孔，背面平素无文，钱文为“铢重一两十二”“铢重一两十四”，形制规整，字体挺拔。

圆形圆孔的圜钱是先秦货币的一大系统，也是先秦货币名珍。

| 铢重一两十二圜钱 |

直径 40 毫米
孔径 10 毫米
重 12 克

| 铢重一两十四圜钱（网络图片）|

直径 42 毫米
孔径 10 毫米
重 14 克

卫釿圜钱

卫，指卫国首都帝丘，在今河南濮阳。公元前252年，卫怀君前往魏国觐见魏安釐王，被诛杀。卫国后降为魏国的附庸国。公元前241年，秦占卫国。公元前209年，卫君角被废为庶人，卫国灭亡。

卫釿圜钱（网络图片）

公元前247年铸，干坑红锈，品相甚佳。出土区域包括陕西、河南、山东等地。堪称先秦货币之翘楚，是近年来发现的圜钱新品种。存世稀少，目前所知真钱共5枚。

直径34.5毫米
厚1毫米
重4.8克

揭开东周、西周圜钱的铸地之谜

公元前11世纪，周武王灭商，建立了近800年的姬姓周王朝。周朝前期定都镐京（今陕西西安附近），史称“西周”。公元前770年，周平王东迁洛邑（今河南洛阳），史称“东周”。有人见圜钱上铸有“西周”“东周”字样，便以为是周平王东迁前后的周朝铸币，如《古泉汇志》引《循庐日札》说：“西周泉当是镐京旧物，今在河南出土，不能确定何时所铸。”其实，钱文“西周”“东周”并不是历史上的朝代名称，而是战国时期由周王室分出来的两个侯国的名称。西周国是公元前440年周考王分封其弟揭于河南（今河南洛阳西）所建。东周国则是公元前367年东周惠公封其少子班于巩（今河南巩义）所建。西周、东周圜钱即由西周国和东周国所铸。

战国末年，西周、东周两国先后在公元前256年和公元前249年为秦国所灭。因为这两个姬姓侯国国势弱小，铸钱不多，所以西周、东周圜钱传世甚少，被钱币收藏家列为珍品。

近些年，这两种钱的赝品纷纷出现。但是，不怕不识货，就怕货比货，只要将真品的文字、工艺、气息与其对照，真假就泾渭分明了。

东周小平圜钱

圆形圆穿，正面有内外廓。钱文为篆书“东周”，背平素。战国末年东周国铸，因国力弱小，铸钱不多，传世甚少。

直径26毫米
孔径9毫米
重4克

西周小平圜钱（网络图片）

战国末年西周国铸，圆形圆穿，圆边不规则。正面篆书“西周”，有内外廓，背平素。因国力弱小，建国时间短，故铸量少，存世珍稀。被列入中国钱币五十名珍。

直径22.5毫米
厚1.2毫米
重3.9克

| 长垣一釿圜钱 |

战国中晚期魏国铸，为纪地纪重钱币。中有圆孔，仿玉璧。币身正圆，略薄，无内外廓，素背光滑，边缘留有浇口。制造简单，携带方便。

| 长垣一釿圜钱 |
钱文为阳文大篆，亓直规整。存世较少。

直径 37.9 毫米
孔径 9.4 毫米
重 11.4 克

| 梁正尚釿圜钱 |

战国中晚期魏国所铸纪重钱。在桥足布中，方肩者为先铸，圆肩、圆裆者铸造略晚。

| 梁正尚釿圜钱 |
首部扁平，圆肩，圆足，圆裆，周边有廓，顶端留有浇口，钱身略厚。钱文为大篆阳文，笔画纤细平直，苍劲有力。存世稀少。

高 58.1 毫米
厚 1 毫米
重 9.7 克

| 阴晋半釿桥足布 |

战国前期，魏国最早实行变法，是当时最强大的国家。魏都安邑逼近秦国，秦始终认为魏是心腹大患，非灭魏不可。阴晋（今陕西华阴，因地处华山之阴而得名，“阴晋”也作“华阴”）为秦地古战场。秦侵占阴晋只是统一六国系列战争中的一部分。

阴晋半釿桥足布应是魏国在秦侵占阴晋之前所铸，平首，方肩，双足以弧裆相连，存世稀少。

| 阴晋半釿桥足布 |
钱文为大篆，笔画纤细遒劲。深绿锈色，古铜色包浆，浑厚结实。

高 42.5 毫米
厚 1.4 毫米
重 7.4 克

第二章

横扫六合，天圆地方

——秦、汉、三国、两晋、南北朝（前221—589）钱币

天圆地方——半两钱

公元前221年，秦始皇横扫六合，统一天下。在书同文、车同轨、统一度量衡的同时，宣布废除战国时期各国流通的布币、刀币、蚁鼻钱，将外圆内方的秦半两规定为全国唯一通行的货币，强化了半两钱作为统一货币的地位。

秦始皇以“天道圜，地道方”（《吕氏春秋·圜道篇》）的宇宙观赋予半两钱不可违逆的皇权地位。此后，外圆内方的货币形制被历代君王和百姓接受，一直持续到中国封建社会结束。

秦半两的标准重量是12铢，钱文是以李斯《泰山刻石》为代表的小篆，形体方长，线条圆润流畅，笔势瘦劲俊逸，形态典雅宽舒，从中可以体现秦人一统天下后的端庄稳重。

随着时代的变迁，半两钱又分为战国半两、秦半两和汉半两等。泥范浇铸，一范一钱，形制繁杂。钱体薄厚不等，重量不一，最大者与最小者重量相差几十倍。

战国半两：

钱体厚重，形制随意。钱文为大篆，笔画粗犷豪放，俊逸凝重。穿孔小，不规则。往往随战事而流布，却很少在六国商贸交易中流通，故后期发现凡秦国进军六国的通道，如秦入蜀的金牛道，秦入楚的商於道，秦入韩、魏的易阳道，均出土有战国半两。

秦半两：

形制规范，重量统一，外圆内方。钱文为小篆，由丞相李斯所书，笔画工整，字体方正。币面平坦，穿口规整，无内外廓。

有诗为证：
千秋唯有长城在，
不见当年秦始皇。
莫道区区秦半两，
曾看刘项入咸阳。

|战国半两|

直径约32.2毫米
厚2.53～2.9毫米
重17～20.7克

|秦半两|

直径34～36毫米
厚约2.5毫米
重8～10克

| 秦半两 |

汉半两：

公元前 202 年，刘邦建立西汉王朝。汉承秦制，沿用半两钱。

西汉早期，因连年楚汉战争，民不聊生，政府财政困难。刘邦以“秦钱重难用”为由，将铸币权下放给民间，允许铸造减重的半两钱。先后出现了减重的榆荚半两、水上漂半两和豆半两。

吕后掌权后，为巩固政权，树立个人权威，废除了所有减重的半两钱，改铸八铢半两、五分半两，特征是：径大而薄，字平，重量轻。之后文帝铸四铢半两，武帝铸三铢和四铢半两（后铸带边廓）。

这一时期所铸的半两钱统称为“汉半两”。其共同特点是：直径小，穿口大，钱体薄，重量轻。

榆荚半两：

汉初民间私铸的减重钱币，特征是：钱体轻薄，直径小，穿口大，无内外廓，制作粗糙，边沿不规整，形如榆荚，故称“榆荚钱”。这种劣质钱大量流入市场，造成物价飞涨，社会动荡。

| 喻荚半两 |
铸工粗，传形，简子钱。

大者直径约 15 毫米
重 1 ~ 2 克
小者直径约 10 毫米
重不足 1 克

| 水上漂半两 |

直径约 20 毫米
重 0.4 克

水上漂半两：

虽然钱币上标注的是“半两”，实际重量却仅约有 0.4 克，甚至能漂浮在水面上，实在令人惊叹。此种半两钱极易损坏，存量稀少。

| 豆半两 |

直径约 5 毫米
重 0.3 克

豆半两：

被认为是中国最小的微型铜铸币。西汉初期，因此前连年战乱而财政空虚，百废待兴，政府鼓励民间和地方自由铸半两钱。结果出现了这种小如黄豆的钱币，故称“豆半两”。其特点是：钱体小如黄豆，重量只有 0.3 克，钱文仍为“半两”，存量稀少。（有一种说法是，豆半两是汉代随葬用的冥币。）

| 八铢半两 |

八铢半两：

吕后掌权后，为了彰显自己的权势，立即废止了榆荚半两等减重钱，改铸八铢半两。其特点是：径大体薄，光背无文，钱文扁平，有隶书趋向，为汉半两中最大者。

| 四铢半两 |

按照钱文的写法，又分为连山两、双人两、十字两。

直径约 24 毫米
重 2.2 ~ 2.5 克

四铢半两：

汉文帝刘恒于公元前 175 年所铸，字体规整，方折，“两”字内的笔画常简化成“十”字。

纵观存世的各种半两钱，四铢半两铸量大、版别繁杂、流传最广，八铢半两次之，战国半两、秦半两最稀缺。

| 豆半两 |

| 四铢半两 |

半两钱的稀少品种

半两权钱：

秦统一六国后，为保证货币的统一和质量，特铸权钱。其特征是：直径大，钱体厚重，钱文高挺，规整精美，品质极佳，珍稀。

权钱不属于流通钱币，而是专铸的称重工具，类似砝码或秤砣，是具有特殊用途的造币关联物，更是我国古代钱币文化中特殊的量具。铸量少，遗存稀少。

战国半两：

越重的越稀少，超过20克的比较少见。其特征是：钱体厚重，钱文为大篆，俊逸圆润，高挺凸起，背素平，红斑绿锈，稀少。

传形半两：

数量不多，字口精美者稀少。

面记号半两：

面记号“五”在汉半两中偶尔可以看到。这种面文中有记号的半两钱，收藏和研究价值较高。

合范半两：

由面、背两范合拢铸造，面、背穿口稍鼓起，形似烧饼，故又称“饼半两”。铸造工艺比较原始，应属战国晚期到秦早期的半两钱。

| 半两权钱 |

规整厚重，穿口精修，钱文高挺、遒劲，红斑锈色，自然结实。

直径约 47.3 毫米
穿宽约 9.7 毫米
厚约 6.1 毫米
重约 58.4 克

| 战国半两 |

直径约 34 毫米
重约 22.5 克

| 战国半两 |

直径约 33 毫米
重约 21.4 克

| 战国半两 |

直径约 35 毫米
重约 25.2 克

| 传形半两 |

| 面记号半两 |

| 合范半两 |

| 榆荚半两、鸡目五铢等 |

春对夏，秋对冬，暮鼓对晨钟。
光与影，时与空，远古影与形。

| 文信小平、长安小平 |

战国末年，秦军披坚执锐，所向无敌，但秦王的继承事宜却操控在商人吕不韦手中。传说吕不韦将自己与赵姬的私生子推上了秦王的宝座。这方面吕不韦获得了成功，但他却没有设计好自己的下场。

秦王嬴政的弟弟长安君于公元前239年率兵攻赵，行至屯留（今山西长治屯留区）附近突然倒戈，准备取嬴政而代之，但很快被镇压，连同征战将士都被杀害。《史记》中没有说明这次政变的原委，但从此后太后集团的覆灭、吕不韦贬死来看，这一系列政变可能与太后等人的谋划有关。假如长安君反叛成功，或是吕不韦能算到嬴政对他的威胁，再演一次偷梁换柱的好戏，那么中国的历史或许就会重演，规模宏大的秦始皇兵马俑也就不复存在了。

文信小平是秦相国文信侯吕不韦在其封国河南雒阳（今河南洛阳西）所铸，钱文为左读篆书，面有四出文，故称“四曲文信”。

长安小平是秦王嬴政的弟弟长安君在其封地（今河南巩义）所铸，面文为篆书“长安”，格局奇特，传世甚少。

文信小平、长安小平的共同特点是：钱径小，钱体较薄，钱文篆书古朴，版式独特，隐起文，光背无文，与秦钱特征相同。尤其是长安小平的钱文分布在穿孔右侧和下面，格局奇特，在历代钱币中是绝无仅有的，传世少见。

| 文信小平 |

钱体轻小，钱文篆书，面四出文，布局奇异。红斑翠绿锈色，自然古朴。

直径23毫米
穿宽7.8毫米
重2.9克

| 长安小平 |

钱体轻小，钱文奇特，形制唯一。翠绿锈色，艳丽温馨。

直径23毫米
穿宽9.3毫米
重1.7克

第十九圜钱
钱径大，钱文奇异，
字高挺，生坑深绿锈，
古朴厚重。

直径 43.2 毫米
穿宽 10.2 毫米
厚 1.7 毫米
重 16.4 克

第十九圜钱

战国时期秦国铸，一说是酒令钱，一说是博戏筹码。钱文奇特，既不是纪地，也不是纪重。多从汉墓中出土，应该是宫中达官贵人的行乐钱。

钱文字体略带隶书风格。钱体较大，外圆内方，外廓略窄，底章不平，面、背无廓。钱文“第十九”分布在穿口两侧，光背无文。传世极少，弥足珍贵。

白金三品

《汉书·食货志》载：“又造银锡白金。以为天用莫如龙，地用莫如马，人用莫如龟，故白金三品……”

白金三品是龙、马、龟三种纹样货币的总称。汉武帝元狩四年（前 119）始铸，元鼎三年（前 114）废止。铸期短，发行量少，集齐一套非常不易。

|白金三品龙币|

面凸背凹，龙形清晰，背面铸文清晰可见。

直径 53.8 毫米

厚 12.9 毫米

重 118.3 克

|白金三品龟币|

龟纹凸起，深褐色包浆，入骨自然。

长 40 毫米

宽 21.9 毫米

厚 3.2 毫米

重 10.9 克

|白金三品马币（残）|

马纹清晰，熟坑包浆，润滑明亮。

长 33 毫米

宽 30 毫米

厚 3.5 毫米

重 21.2 克

令人震惊的一幕——金饼出现

西安是十三朝古都，历史积淀和文化底蕴深厚。有人说："走在西安的大街上，抬头看见的是历史古迹，脚下踩的是千年文物。"还说："在西安，随便一锄头挖下去，都能挖出宝物。"西安修建地铁常常因遇到古墓而停止施工。

1999年11月2日，在西安市未央区谭家乡一个砖厂出现了令人震惊的一幕。当时砖厂司机正在用铲土机取土，发现了一块黄亮的东西。于是他将整片地都翻了一遍，挖出了上百块金饼，上面都有符号、文字。这很快招引来附近村民的哄抢。等警方与文物部门的人员赶到时，看到的只有被反复踩踏后的一片狼藉。后经警方和文保专家100多次的查访，最终追回了全部金饼，共计112枚。

不久，砖厂司机在之前发现金饼不远的地方，发掘出另一个金饼大坑，出土了107枚金饼。这次他不动声色地把金饼全部上交给警方。至此，考古部门得到了出土的所有金饼。

这些金饼出土于乱葬岗，而且是以非正常的方式被掩埋的，这显然与这些高纯度黄金的价值不相符。此现象引起了考古人员对黄金主人的强烈好奇：是谁拥有如此雄厚的财力？又是谁把这么多金饼随便埋藏在这里的？

熟悉历史的人都知道，西汉和东汉之间有一个短暂的王朝——王莽新朝。于是考古专家从历史的蛛丝马迹中寻找答案，不得不把这些金饼跟王莽新朝联系起来。

王莽篡位后，对权力和金钱有着强烈的嗜好，不仅继承了西汉王朝皇帝的财富，还颁布了"列侯以下不得挟黄金"的诏令，并将全国大部分黄金收缴上来存入国库，其目的是独占这些黄金。

公元23年初夏，王莽的主力军在洛阳遭到绿林军和刘秀率领的汉军的前后夹击，很快溃不成军，只能向长安方向逃去。绿林军和汉军乘胜追击，

西汉金饼（西安大唐西市博物馆藏）

攻入长安。此刻城内的官员和百姓纷纷响应，里外夹击，负隅顽抗的王莽最终死于乱军之中，仅存15年的王莽新朝就这样结束了。

参与起义的人都知道王莽搜刮了许多黄金存于国库，于是一些胆大者乘机抢掠这些黄金，但又担心刘秀率领的汉军会清点和查缴，便把抢掠的金饼匆匆埋藏起来，想等风头过后再来取走。没想到他们与这些横财无缘，或死于战乱，或异乡殒命，使金饼在被埋藏了2000多年后成为历史的见证，也是研究汉代货币文化的实物资料。

不管上述猜测是否正确，这些高纯度、做工精良的黄金显然都具有非常高的历史文化研究价值。

| 五铢钱 |

汉武帝刘彻元鼎四年（前113），经过6次币制改革，汉代的钱币改制终于尘埃落定。

将铸币权收归中央，禁止各郡国铸钱，把各地私铸的钱运到京城销毁，成立专门的铸币机构，即由“三官”（钟官、辨铜、技巧）负责铸钱。与过去的钱币相比，五铢钱制作精美，铜质纯净，钱文俊秀，加铸外廓，不仅能保护钱文不受磨损，增加牢固度，也从根本上解决了秦汉近百年民间“凿边盗铜”的偷窃行为。

这些五铢钱呈现出一种规范之美，实现了中国钱币历史上第一次货币本身的标准化，体现出大汉鼎盛时代经济严谨和沉稳大方的气派，对古代货币史和整个中国的历史都产生了极为深远的影响。

西汉五铢钱还繁衍出一个庞大的五铢家族，从汉武帝元狩五年（前118）至唐高祖武德四年（621），行用了约740年，被誉为中国古钱币中的“长寿钱”。

| 五铢小平 |

面、背边廓规整，穿口上有一横杠，方穿无内廓，素背，钱文篆书，挺拔苍劲，红紫色包浆。版别极多，流通极广，如面星、四决、背四出、传形、反出、穿线连廓、合背、鸡目五铢、龟兹五铢、内穿有廓，以及纯金五铢、纯银五铢等。

直径26.3毫米
穿宽约9.5毫米
厚约1.9毫米
重约4.2克

西汉五铢铜范的价值

西汉五铢铜范的价值主要体现在以下四点：

1. 印证了中央铸币集权的历史。汉武帝时期，为了巩固集权统治，限制地方势力的发展，增加国库收入，支付连年抗击匈奴的巨额军费开支，禁止郡国和私人铸币，销毁各种旧币，将铸币权收归中央。五铢铜范就是对当时铸币历史的实物印证。

2. 提高了铸币的质量和效率。将先前的陶范改为铜范，可以反复使用，极大地提高了铸币的质量和效率。

3. 为后世铸币提供了借鉴。五铢铜范被誉为“万钱之母”，其精巧的设计和制作技术，为后世铸币工艺提供了借鉴。

4. 统一了铸币标准。铜范为铸币的标准化和统一化提供了特殊的专用工具。

综上所述，五铢铜范不仅是汉代货币专铸政策的产物，也是加强中央集权，提高铸币标准和效率的重要工具，对后世铸币工艺产生了深远的影响。

五铢铜范

| 异型五铢钱 |

面四决五铢

铁五铢

铁五铢（背四出）

面穿上下柱点五铢

铁五铢（背四出）

| 鸡目五铢 |

直径 11.8 毫米
穿宽 3.9 毫米
厚 1.5 毫米
重 0.5 克

| 鸡目五铢 |

| 五铢铜范 |

|以“泉”代“钱”的铸币高手——王莽|

中国历史上王莽时期的钱币始终为收藏者所青睐，主要原因是钱币设计奇妙超凡，形制独特，制作精美，从钱币艺术的角度来看，堪称空前绝后、蔚为大观。

一刀平五千——金错刀，形制奇特，精致厚重，独有的悬针篆秀丽绝美。特别是，这种人类历史上第一次把金和青铜两种金属同铸在一枚钱币上，把华美外表和防伪功能融为一体的创举，比欧洲早了1000多年。

“美人赠我金错刀，何以报之英琼瑶”“尔持金错刀，不入鹅眼贯”“荷挥万朵玉如意，蝉弄一声金错刀”……古人如此赞美王莽时期的铸币技艺。王莽被后人誉为中国古今第一铸币高手。

1枚一刀平五千相当于5000枚五铢钱，2枚一刀平五千可换一斤黄金。这种历史上少有的大额虚值钱币，使老百姓的财富被敛去，造成了币制混乱，物价飞涨，民不聊生，新莽政权也因此以短命告终。

目前钱币学术界还有另一种说法：一刀平五千不是流通钱币，而是中央政府发给地方政府兑换钱币的凭证，相当于今天的银行支票。比如，中央下拨十万贯军费，装箱运输不方便，这时中央下发一刀平五千或契刀五百到地方官府去兑换钱币。一万平五千纯属官用，根本不会用到老百姓的日常生活中，更不是祸害老百姓的虚值钱币，而是边塞、军事重镇发放军饷的“支票”。

|一刀平五千|
形态奇美，制作奇绝，传世不多，为古泉收藏家所珍爱。

长约73毫米
刀环直径约29毫米
穿宽约9毫米
厚约5毫米
重约30.6克

|一刀平五千铜范（西安市鄠邑区钟楼博物馆藏）|

| 一刀平五千 |

一刀平五千，古今中外无法超越的铸币高峰！

| 契刀五百 |

| 契刀五百 |

契刀五百与一刀平五千同时铸行，形制也相似。刀身铭“五百”，意为值500枚五铢钱。上为刀环，圆形方孔，有内外廓。下为刀身，刃部较宽，刀身略薄。钱文字体与一刀平五千的相同，为篆书阳文，纤细、有力、工整。传世较多。因币形特殊，为藏家所珍重。

| 以“泉”代“钱”的大泉五十 |

王莽相信谶纬学说，迷信风水，夺取刘姓天下后，一直担心刘氏集团东山再起。他认为“刘”字是由“卯”“金”“刀”三字组成，含有“金刀”凶杀之气。为避“刘”字，凡涉及“金”“刀”两字的铸币文字，一律禁用，且以“泉”代“钱”。

大泉五十是与一刀平五千、契刀五百同时铸行的方孔圆钱，是王莽庞杂的货币体系中最主要的一种钱币。

1枚大泉五十只有2枚半五铢钱的重量，却等于50枚五铢钱。每发行一个大钱，就要从百姓手中剥夺相当于47枚半五铢钱的财富，这当然会引起民众强烈的不满，人们仍用旧钱（五铢钱）进行交易。王莽则以重刑酷法规定：凡敢私藏五铢钱者，将作为犯人充军戍边。更恶劣的是，强制推行大泉五十后，豪强乘机纷纷盗铸，造成私钱泛滥，轻薄粗劣，重量连五铢钱的一半都没有。据史料记载，当时因盗铸罪而被囚押送长安的人达10万以上。货币制度如此混乱，王莽的统治不垮台才怪呢。

早期铸造的大泉五十比较厚重，钱文笔画粗壮，确有大钱之风；后期铸造的明显重量减轻，钱文笔画由粗壮变得细瘦，

| 契刀五百 |

青铜铸造，铜色青白，铜质精良，工艺精湛。生坑、熟坑均有，也有黑漆古水银沁者。“契刀”二字分置于穿左右，刀身钱文“五百”为篆书阳文，纤细工整。

长约73毫米

刀环直径约28.6毫米

厚约3.9毫米

重约16.5克

| 大泉五十 |

面廓、背廓深峻，钱文为悬针篆，纤细有力，直读（自上而下、自右而左读）。也有传形、旋读倒书、合背者等。

直径26.7毫米

穿宽7.8毫米

厚2.3毫米

重4.4克

直读大泉五十

合背大泉五十

| 大泉五十（鎏金）|

面廓、背廓深峻，钱文为悬针篆，笔画劲挺，通体鎏金，翠绿薄锈，少见。

直径 26.7 毫米
穿宽 7.8 毫米
厚 2.3 毫米
重 4.4 克

反映出王莽政权的经济每况愈下。

大泉五十品种很多，有合背、合面、左读、旋读的，还有鎏金的。从艺术角度来看，大泉五十铸造水平很高，其小篆书法之美、铸造之精，堪称一绝。它反映了汉代金属铸造工艺的高超技术。

| 大泉五十陶范（残）|

| 大泉五十陶范 |

这是公元 7 年王莽第一次推行货币改革时初铸新币的铸造工具。

大泉五十陶范呈砖红色，夹砂粗陶质，圆角长方形，长 258 毫米，宽 174 毫米，厚 70 毫米。范面上排列着两组钱样，并铸阳文“大泉五十”。上下各设一个浇口，每个钱模都有一道排气槽。这不失为一种新的铸币工艺。

陶质钱范由于年代久远、易受损、难保存等原因，留存下来的非常少，是研究汉代铸币历史不可缺少的标本。

| 大泉五十陶范（残）|

币在陶上啼，相似又相印。
一脉同根生，残破叹可惜。

六泉十布——钱币爱好者奋力攀登的一座收藏高峰

始建国二年（10），王莽进行第三次币制改革，废除了一刀平五千、契刀五百，正式铸行六泉十布。

“六泉”是指小泉直一、幺泉一十、幼泉二十、中泉三十、壮泉四十、大泉五十。除小泉直一、大泉五十外，其他四泉均少见。壮泉四十为古钱币五十名珍之一。

“十布”是指小布一百、幺布二百、幼布三百、序布四百、差布五百、中布六百、壮布七百、第布八百、次布九百、大布黄千（特大型）。此套钱币版式略同，文字有别。除大布黄千外，其余9种均稀少。其中第布八百尤其稀缺，有两种版式：中线通顶的和中线不通顶的。

六泉十布体现了新莽悬针篆铸币独有的纤秀书法和美妙结构，以及泉布一体、环环相扣的特殊韵味。其中的珍稀版别获取一品已属不易，集齐全套更是钱币爱好者攀登的一座收藏高峰。

小泉直一

直径约16毫米
重1.9克左右

幺泉一十（网络图片）

直径约17毫米
重1.8克左右

幼泉二十（网络图片）

直径约22毫米
重2.1克左右

中泉三十（网络图片）

直径约21毫米
重2.4克左右

壮泉四十（网络图片）

直径约24毫米
重4.5克左右

大泉五十

直径26.7毫米
穿宽7.8毫米
厚2.3毫米
重约4.4克

小布一百
（网络图片）

高约 37 毫米
重 8 克左右

幺布二百
（网络图片）

高约 38 毫米
重 7 克左右

幼布三百
（网络图片）

高 40 毫米
重 8 克左右

序布四百
（网络图片）

高 42 毫米
重 9 克左右

差布五百
（网络图片）

高 44 毫米
重 9.8 克左右

中布六百
（网络图片）

高 46 毫米
重 9.9 克左右

壮布七百
（网络图片）

高 48 毫米
重 13 克左右

第布八百
（网络图片）

高 51 毫米
重 14 克左右

次布九百
（网络图片）

高 52 毫米
重 12.8 克左右

大布黄千（特大型）

高 57 毫米
重 16 克左右

| 次布九百陶范 （残）（网络图片）|

| 货泉、布泉、货布 |

天凤元年（14），由于“宝货制”失败，币制混乱，王莽开始进行第四次货币改革，铸行货泉、布泉和货布。

货泉：直径23毫米，重约3.25克，但后期减重严重。

布泉：当值25枚货泉行用；初铸时直径为25.4毫米，重约3.2克，但后期减重严重。

货布：高约57毫米，重约16克。此币铸行达10年之久，至王莽灭亡。传世较多。与大泉五十、货泉合称为“王莽三大长命钱”。

货泉钱范：铜质，背“大吉”，长80.2毫米，宽72.9毫米，重138.4克，范体规整，珍稀。

饼货泉一组：直径约28.4毫米，厚约5毫米，重约20.8克，钱体厚重拙朴，钱文为悬针篆，翠绿锈，结实。

| 货泉 |

| 布泉 |

| 货布 |

| 货泉背“大吉”钱范 |

| 直百五铢背“为” |

蜀汉政权前期铸造，钱体大而厚重，后期逐渐减至直径不足 24 毫米，重 2 ~ 4 克，最轻薄者重不足 0.8 克。

直径 28 毫米
厚 5 毫米
重 9.5 克

| 直百五铢——蜀汉的虚值大钱 |

汉献帝建安十九年（214），刘备入川后平定益州，魏、蜀、吴三国鼎立之势形成。由于偏居西南，地域狭小，经济发展受限，又因连年征战，财政困难，军费紧张。在大臣刘巴的建议下，刘备于公元 214 年发行直百五铢背“为”和直百两种虚值钱币。1 枚直百五铢相当于 100 枚五铢钱。这两种直百钱发行数月后，库府充盈，缓解了蜀汉的经济困难。

直百五铢，最早是纪地钱。钱文篆书，直读，“五铢”两字略瘦长，“直百”两字宽矮。面、背有内外廓，多光背，常见水波、星号等纹饰。少数背铭篆字“为”，以示铸地为益州犍为郡。由于铸造工艺的缺陷，普遍品相不好。

| 直百——蜀汉最小、最轻的名誉品 |

直百钱，约铸于蜀汉后期，是在直百五铢之后，蜀亡之前（约215—263）发行的最小、最轻的钱。1枚直百钱相当于100枚五铢钱，也是最大的虚值钱。

在特定的历史条件下，直百钱对蜀汉经济的恢复和发展起到了重要作用，体现了刘备治理经济的分寸和方式，在历史上具有重要的地位。

多出土于四川、湖北、云南及江苏等地。钱体薄小，重1.3～2克，最轻者重0.5克。数量不多。

| 直百 |

直径19.1毫米

重0.5克

| 定平一百——见证蜀汉衰亡的钱币 |

三国时期，蜀国所铸定平一百是一种小钱，其地域性非常明显。彭信威《中国货币史》记载，定平一百根据其形制、流通及出土状况，为蜀汉晚期所铸。

“定平一百”这个钱文有很强的逼迫意味，1枚当值100枚五铢钱，而其本身的重量还不到1克。在铸造的劣质程度上，与孙吴政权所铸的“大泉”系列钱币很相似，是蜀汉政权衰亡的实物印证。

| 定平一百 |

小而薄，铸造不精，钱文晦涩，极易损坏，难以保存。

直径17.11毫米

穿宽6.5毫米

厚1.2毫米

重0.9克

| 大泉当千 |

孙权赤乌元年（238）始铸的虚值大钱，相当于1000枚五铢钱，铸工粗，大小、薄厚差异很大。同时铸行有大泉五百、大泉二千。存世的大泉五千仅见3枚，罕见。

直径38毫米
穿宽12.2毫米
厚3.2毫米
重6克

| 丰货小平 |

青铜质，铸工粗，钱文奇特，古铜色包浆，存世不丰。

直径24.4毫米
穿宽9.2毫米
厚1.5毫米
重2.8克

| 大泉当千——吴国的大额虚值货币 |

三国时期，魏、蜀、吴各自实行不同的货币政策。魏国实行实物货币政策，恢复铸行五铢钱。吴国、蜀国实行通货膨胀政策，推行大额虚值货币。

| 丰货的钱文书体之谜 |

西晋灭亡后，我国北方、南方先后出现了几十个割据政权，有少数民族政权，也有汉族政权，带来了长达100多年的混战。这就是所谓的十六国时期。

石勒是后赵的建立者，羯人（匈奴的一个分支，西晋末年迁入上党武乡羯之地，即今山西长治潞城一带）。他当过汉族地主的佃户、耕奴，遭遇悲惨，因此仇恨晋贵族。他建立后赵政权以后，就对晋贵族进行杀戮。

而他真正当上皇帝后，却又改变了策略，吸收、拉拢汉族地主为他服务，并让他们参与后赵政权的建设。其中有一个叫张斌的人备受信任，被任命为右长史，号称“右侯”，许多重大决策和措施都出自张斌的建议。

张斌博涉经史，对魏晋的经学、史学、文学的发展以及书法艺术的演变很有研究。魏晋仍然用隶书、篆书刻制许多优秀的碑刻，其小篆呈纵势长方的特点，其隶书舒展挺拔，这些字体既可以入印，也可以入钱。

石勒铸丰货钱，书体、笔画特别，有人说是篆书，有人说是隶书，总之不是一般的篆书或隶书字体。这印证了“乱世钱文无法度”之说法。

| 凉造新泉——乱世造新泉 |

在我国西北地区的前凉本为西晋的凉州，其刺史姓张名轨。西晋灭亡后，他乘乱进行割据，以今天的甘肃武威为中心，建立了前凉政权。

在大动荡的年代，张轨采取保境安民、发展生产的政策，使社会经济得到一定的发展，内地许多百姓都投奔到前凉。

前凉在商品交换中主要使用历代杂钱，如汉五铢钱、王莽时期的货泉等。后来由于货币供应量不足，便自铸了少量的货币来补充，称为“凉造新泉”，以区别于前代旧钱，表明是凉国铸造的新泉。由于铸币技术较差，铸出来的钱币文字模糊，轮廓也不太清晰。国君因此没有允许大量铸造。流传至今已极为罕见。尽管凉造新泉工艺不佳，钱质不好，但仍然是一种珍贵的钱品。

| 凉造新泉小平 |
钱径小，青铜质，钱文奇特，古铜色包浆，古朴温润，薄而硬实。

直径 18 毫米
穿宽 6.7 毫米
厚 0.8 毫米
重 1.6 克

| 孝建四铢 |

南朝宋孝武帝刘骏孝建元年(454)始铸，停铸于明帝泰始三年（467）。铸期短，铸量少，版别多，存世少。

钱文为柳叶篆，横书的“孝建”二字纤细柔长，为年号，背文横书的“四铢”二字为纪重，此种钱文在历代古钱中是仅有的。制作粗劣，边廓平夷，字口很浅，字体不清，更有省去背文“四铢”者。常有错范、异范及合背、重文、倒书者，版别颇多。

| 孝建四铢小平 |
铜质粗糙，轻薄易碎，干坑薄锈。

直径 22 毫米
重 2.4 克

| 太货六铢——南北朝的陪葬钱 |

| 太货六铢小平 |
此币铸行三年即废，传世不多，精美，历来为泉家所爱。
直径约 25 毫米
重约 3 克

南朝陈宣帝太建十一年（579）铸。钱文为玉箸篆，匀称健美，舒展有力，铸造精美绝伦，居南朝之冠。

太货六铢尽管铸造精美，在当时却并不受民众欢迎，因为其大小与旧五铢相仿，而朝廷却规定，1 枚太货六铢抵 10 枚旧五铢。这种货币交易自然引起不满，百姓纷纷抵制。由于钱文中的“六”字看上去很像一个人叉着腰，于是出现了“太货六铢钱，叉腰哭天子”的民谣。陈是南朝的最后一个王朝，陈宣帝是陈王朝倒数第二个皇帝，其弟陈叔宝即陈后主荒淫无度，不理朝政，整天与嫔妃一起游玩，制淫词唱淫调，朝纲混乱。隋兵南下时，陈后主自以为有长江天险可守，不以为然。祯明三年（589），隋兵顺利攻进建康城，陈后主这才大梦初醒，但为时已晚。太货六铢成了这个末代王朝的陪葬品。

| 布泉 |
直径约 26.2 毫米
重约 3.2 克

| 五行大布 |
直径约 26.9 毫米
重约 4.6 克

| 永通万国 |
直径约 30 毫米
重约 6 克

| 北周五铢 |

| 北周三品——古钱币中的“美男子” |

北周静帝大象元年（579）铸，包括布泉、五行大布、永通万国三品，意为“永远通行，万国通用”。该套钱币分大样、小样，青铜质，制作精致，钱文为玉箸篆，书法俊美华丽，底章平整深峻。北周三品代表了我国铸币工艺历史上达到的一个新的巅峰，被泉家追捧。

北周五铢（铁质），面、背内外廓及穿口内廓凸起，方正规整，钱文深峻。

| 中国最早的年号钱——汉兴钱 |

汉兴钱是中国最早的年号钱，十六国时期李寿所铸。这种钱的出现是中国古钱币以重量为名称到以年号词句为名称的转折点。

李寿是西晋末年起义军领袖李特的侄子，于东晋咸康四年（338）攻入成都，自立为帝，改国号为汉，以汉兴为年号，铸汉兴钱。因其重约1克，类似春天的榆荚，故《汉书·食货志》中就误认为这是西汉初年所铸的荚钱，有“汉兴，以为秦钱重难用，更令民铸荚钱”的记载。这显然是对历史的误解。

汉兴钱分为两种：一种钱文是上下排列的，俗称“竖汉兴”或“直汉兴”；另一种钱文是左右排列的，俗称“横汉兴”。这两种钱币均制作不精，钱文不清，书体方正，并无圆转，不似篆书或隶书，说它们处于篆、隶之间较为合适。

汉兴钱很少见，特别是“横汉兴”更是很难寻觅，有“直文易得，横文难求”之说。

| 汉兴横竖文对钱 |
轻薄纤小，主要见于四川。
直径16.7～17毫米
重0.7～1.1克

| 太和五铢 |

南北朝时期，北魏孝文帝太和十九年（495）铸，为北魏建国百年后的“第一钱”。因铸行数量少，只流通于京城洛阳一带，未入徐州、扬州之市，不是北朝的统一货币。因私铸盛行，而劣质钱充斥，最终导致孝文帝铸行失败。

| 太和五铢小平 |
形制类五铢钱，制作粗疏，“太和五铢”四字为方折篆体，直读，光背。因允许民间自铸，故铜质混杂，大小不一，品质不好。因铸量少，存世罕，故备受藏家青睐。
直径25毫米
重约3克

第三章

开元盛世，承前启后

——隋、唐、五代十国（581—960）钱币

| 开元通宝小平 |

开元通宝的铸行，寓意着开元盛世，标志着国家统一、政治稳定，是中国货币发展史上的里程碑。钱文为隶书，对读，由唐代大书法家欧阳询所书。早期的开元通宝背面没有符号，钱文有大字、小字、粗字、细字之分。“元”字因为起笔短小，称为“短首元”；“通”字的走之底，首点为三撇，称为“三撇通”；“开”字“门”内“井”部靠上，称为“升井门”。中晚期开元通宝的形制发生了变化，出现了背星、月纹等符号。

直径 24 ~ 25.4 毫米
穿宽 6.5 毫米左右
厚 1.5 毫米左右
重 4 ~ 4.5 克

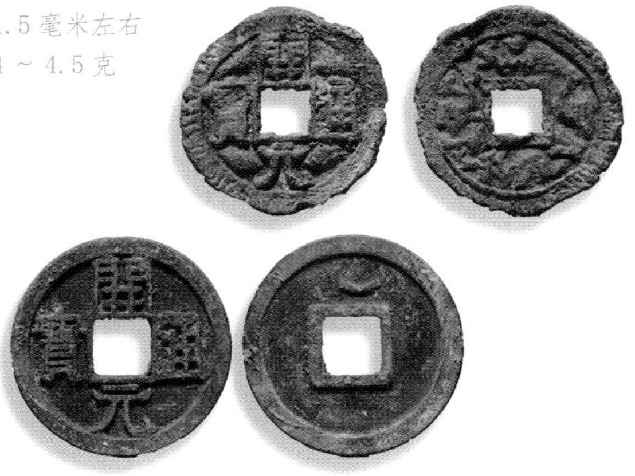

| 开元通宝，开创中国钱币历史的新纪元 |

隋朝统一全国以后，中国封建社会开始迈向它的顶峰，经济上渐渐出现空前繁荣的景象。隋文帝改革币制，铸行统一标准的隋五铢钱。

进入唐代，迎来了更加辉煌的历史时期。唐高祖武德四年（621），废五铢钱，铸开元通宝，规定径 8 分，重 2.4 铢，每 10 文为 1 两，两以下采用十进制。这既是对中国古代衡制的改革，也标志着独立的钱币概念的诞生，结束了秦汉以来半两钱、五铢钱等纪重钱的旧制和五铢钱约 740 年的历史，开创了“通宝”“元宝”“重宝”等宝文制钱币历史的新纪元。

开元通宝的铸行在钱币的形制和重量的演变趋势上，影响到五代十国闽、楚、南汉、南唐、后蜀等的钱币铸造。开元通宝在推进货币改革与发展的过程中承前启后，是中国货币发展史上具有里程碑意义的标志钱。

| 高昌吉利 |
高昌吉利，大唐文化连接西域文明的实物见证。

| 开元通宝大字狭“元”版 |

| 会昌开元小平 |

钱背多见各类文字，如“双京”“福”“丹”“平”“桂”“昌”等。铸工不精，文字不清，位置变化多，也有合背者。

直径 24.7 毫米左右
穿宽 5.8 毫米左右
厚 1.3 毫米左右
重 4.1 克左右

| 破除迷信，毁佛铸钱 |

西汉末年佛教传入我国，经过漫长岁月的传播，到唐代已发展极盛。当时全国寺庙多，规模大，和尚、尼姑更多，人们以做和尚、尼姑为荣，连皇帝也要过几天寺庙生活，以示超凡脱俗。寺庙里佛像极多，高的达十几米，最小的仅有几厘米高，全部用铜铸造，仅此就用掉数十万吨铜，而国家铸钱用铜却极其缺乏。到唐武宗时，无铜铸钱的现状再也维持不下去了。

唐武宗李炎从小就不信佛，他于会昌五年（845）下令毁佛铸钱，关闭了全国 3 万多座寺庙，把寺庙的佛像、钟磬及用具通通砸碎，化铜铸钱。和尚、尼姑被遣归原籍，从事生产劳动，成为自食其力的劳动者。当时在全国引起了很大的震动，佛教信徒都不满意。但社会财富增加了，货币流通顺畅了，人民生活安定了。

毁佛铸钱一事使李炎成为中国历史上赫赫有名的皇帝。为防止偷工减料，保证铸钱的质量，他又令各省在所铸的开元通宝背面加注本省钱监（当时全国共有 23 个钱监）的简称。淮南节度使李绅在唐武宗下诏之前，已在开元通宝钱背上加铸“昌”字以表示武宗的会昌年号。后来人们把唐武宗时期所铸的开元通宝称为“会昌开元”。

会昌开元版别复杂，不同背文的钱币多寡不均，如背文为“平”“福”“桂”“丹”的钱币少，尤以背文为“永”的钱币最稀缺。背文为“益”的有大小两种。背文为“京”的，反书和双“京”者均罕见。背文为“福”“丹”的，字一般在穿上、穿右，在穿下者更加罕见。

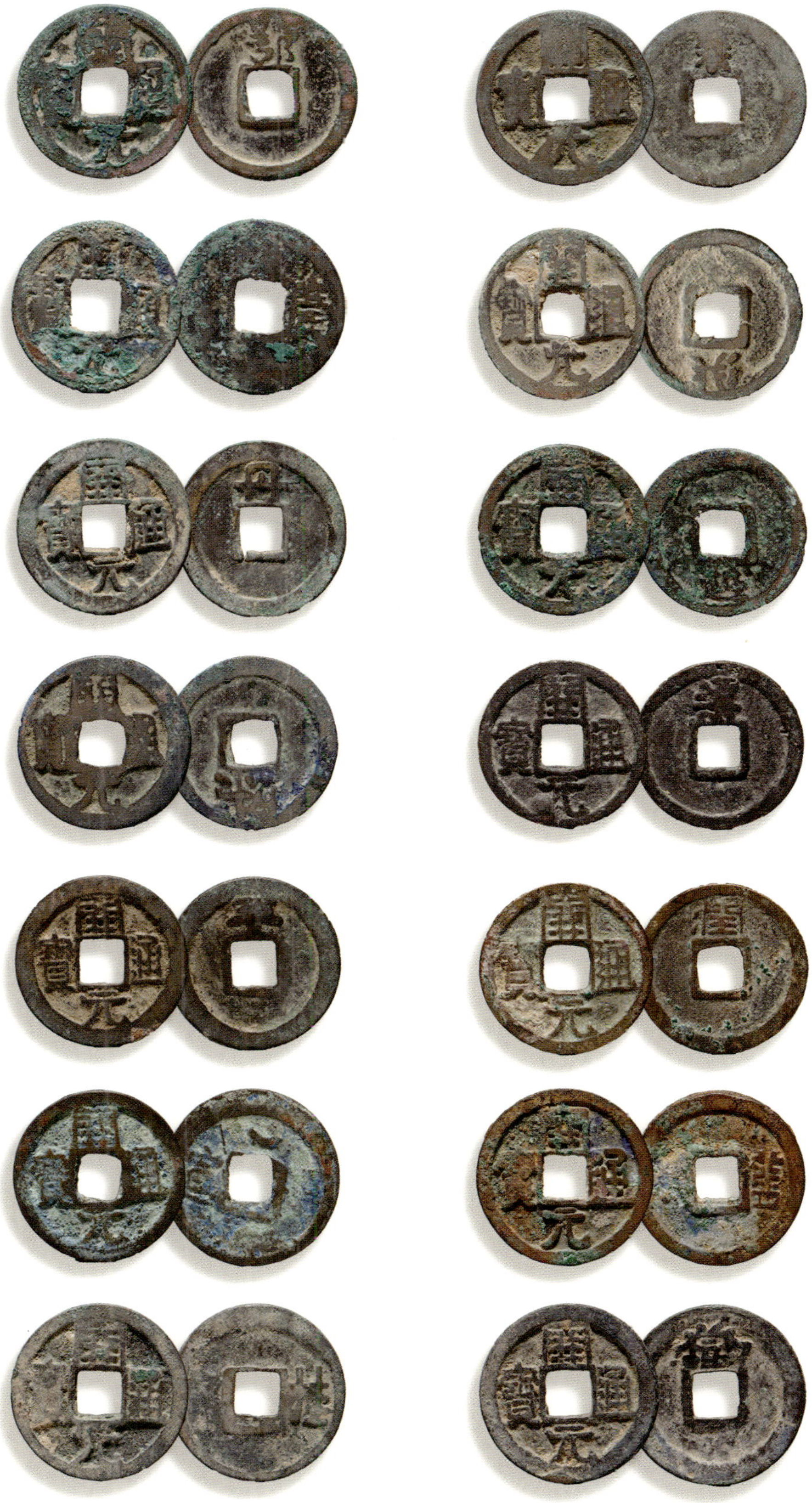

| 会昌开元背“鄂”“襄”“广”“平”“福”“丹”“兰”“洪”“昌”“宣”“益”“梁”“桂”“越”等版别 |

会昌开元名珍

会昌开元有30多种版别，其中不少属于珍品。

1. 会昌开元背“晋”。这是近年在山西新发现的品种，对于当地钱币铸造历史有重要的研究价值。

2. 会昌开元背三祥云纹。这是盛唐时期宫中用于祈福的钱。三朵祥云为祥瑞之兆，彰显着开元盛世的繁荣昌盛。铸造精整，字口深峻，铜质细密，秀色入骨，仅存数枚。

3. 会昌开元大字狭“元”版。这是普品中的名誉品，特点是边缘特别细，“开元通宝”四字均为大字，“通”字和“元”字更大，“元”字左挑非常高。

4. 会昌开元背“永”。这种钱币分为背上“永”和背下“永”两种，均稀少。

5. 金、银会昌开元。金、银质地的会昌开元在西安何家村遗址出土30余枚。用于皇家赏赐和显贵玩赏，不流通，存世量少，珍贵。

6. 鎏金会昌开元。直径28.5毫米，重4.2克，达到了折二钱的尺寸，少见，应该是官廷用于赏赐的钱币。

7. 会昌开元背四月纹。造型绝美，数量稀少，欣赏价值高。

8. 会昌开元背四杠纹。背四个突出的横直纹，非铸造时流铜，应是有意为之。数量少。

会昌开元背“晋”（天眷堂藏品）

直径24.67毫米
厚1.64毫米

会昌开元背三祥云纹（网络图片）

直径26.5毫米
厚1.4毫米
重4克

会昌开元大字狭“元”版

直径24.93毫米
厚1.57毫米
重3.8克

会昌开元背“永”（网络图片）

直径24.67毫米
厚1.64毫米
重4.6克

会昌开元（银质）

不作流通币使用，用于宫廷赏赐。

直径24.3毫米
厚1.45毫米
重6克左右

| 会昌开元（鎏金）|

直径达 28.5 毫米，这个尺寸在开元通宝中罕见。鎏金工艺非常细腻。

| 会昌开元背四月纹（网络图片）|

| 会昌开元背四杠纹 |

| 乾封泉宝——唐代第一种年号钱 |

唐高宗乾封元年（666）铸，是唐代第一种年号钱。“乾封”，意为晒干新筑的祭台。“乾”，即“干”字的繁体；“封”，即封禅时所建的祭台。

唐高宗李治于公元 649 年即位，因昏懦，毫无主见，由母舅长孙无忌辅政。但是在娶武则天入宫后，生死大权便操纵在武则天手中。于是便在泰山举行规模空前的封禅盛典，参加者排队数百里（前队抵达泰山，后队还在长安），在泰山立“双束碑”，意指武则天与高宗共治天下。同年改元乾封，铸乾封泉宝，以 1 枚当 10 枚开元通宝行用，却带来了“谷帛踊贵，商贾不行”的混乱局面。次年废止，铸期仅 8 个月。

乾封泉宝铸期短，铸量少，行用时间不长，流通地域不广，又被诏令收回，因而后世难得一见，多出土于陕西。

| 乾封泉宝小平 |

钱文字体精美，穿口深峻，生坑红斑硬绿锈，古青铜色包浆自然。

直径 25 毫米

穿宽 7 毫米

厚 1.4 毫米

重 4.4 克

高昌吉利

唐朝贞观年间（627—649）西部高昌国（位于今新疆吐鲁番）铸。有大、中、小样三种版别，红铜、青铜两种钱质，钱文隶书，四字方正，旋读，素背。存量稀少，正式考古也极少发现。

学术界认为，高昌吉利是公元623年继承高昌王位的麹文泰铸造的吉利钱，此币的形制与中原地区钱币的形制差异甚大，不是流通货币，应属于吉庆性质或是高昌王馈赠的纪念币。存世稀少。

高昌吉利小平（网络图片）

钱体大而厚重质朴，肉厚廓圆，具有浓郁的魏晋钱币气韵，古铜色包浆，背红斑绿锈，古朴自然。足见高昌国高超的铸钱水平，也是汉文化在西域的充分表现。20世纪70年代初在吐鲁番出土过一枚。现存世仅十几枚，可见其珍稀程度。

直径26.9毫米
穿宽5.7毫米
厚4.8毫米
重15.7克

得壹元宝、顺天元宝见证安史之乱

安史之乱是唐朝由盛转衰的转折点。肃宗乾元二年（759），叛将史思明占领魏州（今河北大名），称“大圣燕王”，建元“应天”。据《新唐书·食货志》载，史思明据东都，熔佛寺铜器铸得壹元宝大钱，以1枚当100枚开元通宝。

“得壹”取道家初始纯正之意，非年号。铸行不久，因吏臣提议“得壹”非国运长久之兆，应改铸顺天元宝，故铸期短，铸量少。

得壹元宝（网络图片）

钱体大而厚重，青铜质，铜色暗红。面、背内外廓深峻宽厚。背穿上有月纹，制作工整。“得壹元宝”为隶书，旋读，古朴有力。锈色深绿泛蓝，入骨厚实。

直径37.3毫米
穿宽8毫米
厚3.1毫米
重20.8克

顺天元宝

钱文隶书，旋读。钱体大而厚实，青铜质，铜色暗红。外廓宽厚，背穿下有月纹（较背穿上有月纹者少），制作工整。熟坑黑漆古，酱红色包浆。公元760年因废得壹元宝而铸，形制、色泽均同得壹元宝。铸行一年，比得壹元宝存世多，故有“顺天易得，得壹难求”的说法。

直径37.9毫米
穿宽7.5毫米
厚3.5毫米
重21.9克

乾元重宝——中国最早的重宝钱

安史之乱爆发后，唐朝一蹶不振。据《新唐书·食货志》记载，唐肃宗乾元元年（758）铸重轮乾元重宝大钱，以1枚当开元通宝50枚。

由于盗铸严重，引起币制混乱。至代宗广德元年（763），罢铸大钱，诏令大小钱均与开元通宝等值流通。

乾元重宝在中国钱币史上是最早称“重宝”的钱币。有折十、小平，有狭缘的、阔缘的，有光背的及背星、月等图案的。其中折十背瑞雀、祥云图案者最稀少，属名誉品。

乾元重宝背祥云纹

钱文隶书，直读。黑漆古包浆，古朴自然。

直径34.2毫米
穿宽8毫米
厚1.9毫米
重11.4克

乾元重宝背重轮（精铸）

乾元重宝

乾元重宝（回炉熔铸残件）

| 大历元宝、建中通宝，印证被唐朝遗忘的惨烈历史 |

大历元宝、建中通宝印证了被唐王朝遗忘的一段关于西域老兵坚守边关的惨烈历史……

天宝十四载（755），安史之乱爆发，唐政府调西域守军去平乱。吐蕃势力乘机攻占河西、陇右一带，切断了西域和唐中央的联系。直到10多年后，仍坚守西域的李元忠、郭昕派遣使臣于永泰二年（766）绕道回鹘来到长安，唐代宗李豫才知道西域安西都护府和北庭都护府仍控制在留守军队手中，非常震惊，大加奖赏，所有官兵都升为将军，晋升七级。但是除此之外，朝廷却无暇顾及西域，派不出援兵，所以郭昕和他的安西军依然是孤军。

当时安西都护府为了筹集军饷，坚守西域，同时也表达将士们忠于大唐、抗击吐蕃的决心，遂采用当时大唐皇帝李豫的大历年号，仿照开元通宝的式样，在龟兹地区铸造了大历元宝。

到建中二年（781），安西都护府和中央取得联系后，才知道大历十四年（779）后唐德宗李适即位，改元建中。遂又铸造了建中通宝。因时间较短，铸造数量比大历元宝少。

大历元宝、建中通宝都是在特定的战争条件下，为应急而铸造的，铸造技术不高，有些粗糙。但将士们却能团结一心，坚守国土，完全依靠自己的力量维护当地社会秩序稳定和商品经济正常运行。

在郭昕与中央取得联系后的第七年，即公元787年，安西、北庭都护府遭到吐蕃袭击，受到重创，再次与中央失去了联系。直到公元808年安西四镇沦陷，郭昕带领白发苍苍的将士们战斗到所有将士全部壮烈殉国。

史书上对郭昕和安西军的记载非常少，没有人知道他们的下落。直到1000多年后，通过对出土文物的研究，尤其是大历元宝、建中通宝的出土，才使得那段被尘封已久的惨烈历史被揭开。

| 大历元宝小平 |

唐代宗大历年间（766—779）铸，年号钱。光背无文，钱文隶书，旋读，制作粗陋，铜色暗浊。

直径22毫米
重2.9克

| 建中通宝小平（网络图片）|

唐德宗建中年间（780—783）铸，年号钱。钱体轻小粗劣，铜色暗红，品相多不好。

直径22毫米
重2克

天福元宝——中国最早出现的带“福”字的钱币

五代后晋石敬瑭天福三年（938）铸。有官铸、私铸两种，官铸的质地精美，私铸的质量低劣。存世不多，官铸的更稀少。

五代后唐末年，天平节度使石敬瑭投靠契丹，献幽云十六州，拜比自己小的契丹王为义父，娶契丹贵族女为妻。后在契丹的帮助下夺得后唐江山，做了儿皇帝，立国为晋（史称“后晋”），称“高祖”。他认为自己得到天下是上天赐福，于是定年号为天福，下旨铸天福元宝铜钱。这是中国历史上最早出现的带“福”字的流通钱币。

天福元宝

钱文隶书，旋读，书法平平，文字粗糙。铜质不精。版式参差，轻重不一。精铸大钱为官制，小型钱为民间私铸。存量稀少。

直径 21 ~ 25 毫米
重 2 ~ 3 克

汉元通宝

五代后汉隐帝刘承祐乾祐元年（948）铸，仿开元通宝，唯“汉”字不同，实际是一种改范钱。3 年后，国亡停铸。

汉元通宝小平面“通”下星

钱文隶书，直读，笔画粗犷有力，边廓完好，制作精良，背有星、月纹，少见。

直径 24.4 毫米
穿宽 6.4 毫米
厚 1.4 毫米
重 3.5 克

汉元通宝背月纹

| 周元通宝 |

始铸于五代后周显德二年（955）。后周世宗登基之初，为筹措军饷，安抚百姓，下令毁佛寺，仿开元通宝的形制，熔掉佛像铸周元通宝。因此，周元通宝被民间称为“佛钱”。时人将其佩戴在身上辟邪，甚至将其入药治病。

| 周元通宝小平背月、星、杠纹等 |

面、背内外郭规整，穿口方正，底章平整，红斑绿锈，结晶莹润。

直径 24.7 毫米
穿宽 5.9 毫米
厚 1 毫米
重 2.8 克

| 广政通宝 |

五代十国时期，中原地区战乱频繁，各个政权都独自发行货币。在这种背景下，后蜀孟昶广政年间（938—965）铸广政通宝，分为铜、铁两种，对当时后蜀的经济繁荣做出了积极贡献。

广政通宝铁钱的形制与铜钱相同，10 枚铁钱等同于 4 枚铜钱。这两种钱传世均少，尤其是铜钱十分少见，为中国古钱币五十名珍之一。

| 广政通宝小平（网络图片）|

钱文隶书，直读，粗犷浑厚，面、背内外廓浅，光背无文，底章欠工整。铜色青白，均匀自然。

直径 23.7 毫米
穿宽 6.8 毫米
厚 1.2 毫米
重 3.5 克

中国钱币史上铸量最大的铅钱——乾亨重宝

五代十国时期，许多地方政权都采用铅、铁等贱金属铸钱。南汉高祖刘龑于公元 917 年铸乾亨重宝，分为铜、铅两种。制作不规整，钱文拙劣，整体粗糙。

南汉矿业发达，冶炼铁、铜、铅技术先进。为促进岭南造币业发展，采用铜、铅两种材质铸造乾亨重宝，其中铅质乾亨重宝数量最多，流通最广。

20 世纪 40 年代，从广州市郊陆续出土了数量巨大的乾亨重宝铅钱，以及后来在印度尼西亚海域发现的古代印坦沉船上的乾亨重宝铅钱，都印证了南汉大量铸造铅钱的历史。

南汉铸铅钱有以下三个原因：

1. 社会动荡，经济萧条，铜贵铅贱，铅钱与铜钱的汇率是 10 ∶ 1，十铅钱当一铜钱。铸造铅钱可以降低铸钱成本。

2. 两广地区铜资源稀缺，又大量用铜修建宫殿，制造佛像、日用品，使得铜资源更加稀缺。

3. 以铅钱置换铜钱，也是南汉宫廷推行通货膨胀，搜刮民财，以供享奉的做法。

总之，铅钱的大量出现见证了南汉经济落后的历史状况。

（以贱金属铸钱并非只有南汉这么做，唐末卢龙节度使刘仁恭曾自立刘氏燕国并称帝，甚至用黏土烧制钱币，更是异想天开，千古奇闻，空前绝后！）

| 开元通宝小平 |

唐末刘隐任唐静海节度使时所铸。铅质，易损，钱文平漫，留存较少。

| 乾亨重宝小平 |

钱文隶书，直读，字体拙劣、歪斜、不清晰。铜质。

直径 23.6 毫米
穿宽 5.6 毫米
厚 1.5 毫米
重 3.8 克

| 乾亨重宝小平背星 |

钱文楷书，直读，字体不规整，笔画粗笨，风格古朴，背星纹。铅质。

直径 26.8 毫米
穿宽 7.3 毫米
厚 1.5 毫米
重 4.6 克

| 唐国通宝——国破家亡，千古绝唱 |

公元 906 年，大唐帝国被朱温所灭，中国进入五代十国藩镇割据时期。然而，偏安于富庶江南的南唐没有遭受战乱兵祸，统治阶层和宫廷贵族仍过着歌舞升平的生活。

后周世宗柴荣是一位文治武功、雄才大略的帝王，他凭借强大的军事实力对南唐用兵，迫使南唐称臣，割让 14 州 60 余县，每年进贡银 10 万两、绢 10 万匹、钱 10 万贯、茶 10 万斤、米麦 20 万斤，以致南唐“府藏空竭，钱货益少”。

于是南唐铸唐国通宝与开元通宝并用。起初铸 1000 文钱用铜料 3.75 斤，后来为应付日益困难的财政开支，铸钱币使用铜料越来越少，最后减到铸 1000 文钱只用铜料 1 斤。钱币减重贬值，造成通货膨胀，给人民带来极大的灾难。小小的唐国通宝，反映出南唐的日薄西山。

宋太祖赵匡胤开宝八年（975），派兵南征，攻入金陵。南唐后主李煜被掳至开封，过着囚禁生活，3 年后，在“恰似一江春水向东流”的千古绝唱中结束了生命。

唐国通宝是在战争需要经费，战败需要赔款的背景下铸行的。版本极多，钱文有篆、楷、隶三种，篆体“唐”字独特秀丽。其中，折二钱最精美，是名珍；大字细缘小平钱最少见；篆书小平圆“国”钱是唐国通宝中的佼佼者，应仔细辨认，否则会被当成普通品。

| 唐国通宝小平背巨星 |

钱文隶书，直读，字体方正，笔画工整有力，锈色薄绿翠艳，背穿上有巨星，铸量少。

直径 25 毫米
穿宽 6.6 毫米
厚 1.2 毫米
重 4 克

| 唐国通宝小平篆书圆“国”、楷书版 |

南唐元宗李璟铸，钱文篆书圆“国”、楷书，直读，铸工精，光背。

直径 24 毫米
穿宽 5.2 毫米
厚 1.6 毫米
重约 3 克

| 大唐通宝小平 |

南唐元宗李璟所铸，钱文隶书，直读，铸工稍粗，大小不一，光背。

直径约 24 毫米

重约 3 克

天汉元宝

公元917年，前蜀高祖王建改年号为天汉时共铸三种钱币。其中，天汉元宝铸行只有一年时间，铸期短，数量少。另外两种是通正元宝和光天元宝，数量相对较多。

天汉元宝小平

光背，形制较工整，内外廓稍平，钱文隶书，旋读，字体端正，是前蜀高祖所铸三种钱币中最清秀者。

直径23毫米
穿宽6.7毫米
厚1.5毫米
重2.5克

通正元宝

五代十国时期前蜀高祖王建通正元年（916）所铸。

通正元宝小平

光背，有背星者，文字稍逊，多于永平元宝，比天汉、光天、乾德元宝略少。

直径22～23毫米
穿宽4.8毫米
厚1.7毫米
重2.5～2.8克

光天元宝

五代十国时期前蜀高祖王建光天元年（918）所铸。

光天元宝小平

制作粗疏，钱文草率，“光”字变隶书为行书，背廓浅平，背穿上有星纹或月纹。另有铁钱，比较少见。

直径23毫米
穿宽6.6毫米
厚1.7毫米
重2.5克

| 乾德元宝 |

五代十国前蜀王建之子王衍乾德元年（919）所铸。

| 乾德元宝小平 |

钱文隶书，旋读，“乾”字写成“乹”，光背或背穿上有月纹，形制粗略，边廓不整，笔画多不清晰。铸行6年，数量极多，存世量大。

直径24毫米
穿宽5.7毫米
厚1.5毫米
重3克

| 咸康元宝 |

五代十国前蜀后主王衍咸康元年（925）所铸。

| 咸康元宝小平 |

制作粗疏，钱文不整。存世较多。

直径23毫米
穿宽5.7毫米
厚1.8毫米
重3.2克

| 南唐开元通宝 |

五代十国时期，南唐物产丰盛，其钱币制作也很精美。南唐李璟沿用开元通宝形制铸篆书、隶书开元通宝对子钱。其特征是：宽轮廓，钱径尺寸、薄厚、文字笔画粗细、铜质锈色等完全一致，双双配对，十分有趣。南唐开元通宝开创了中国古钱币对子钱的先河，深受收藏者喜爱。

对子钱起源于南唐，盛行于宋代，尤其是北宋时期，种类很多，精彩纷呈。

| 南唐开元通宝小平篆书、隶书对子钱 |

外廓较宽，内穿规整，钱文为篆、隶书体，精巧细腻，文人匠气十足。黑漆古翠绿包浆。存世多。

直径24.7毫米
穿宽5.8毫米
厚1.3毫米
重3.7克

直径23毫米
重3.2克

大觀通寶

第四章

儒翰临风，平炉争荣

——宋、辽、金、西夏（960—1279）钱币

| 儒翰临风——宋朝钱币书法艺术的高峰 |

公元 960 年，赵匡胤发动“陈桥兵变”，建立宋朝，结束了唐末、五代十国的分裂混乱局面，中国重新实现统一。为适应商品经济的发展，北宋每年的铸钱量超过唐代近 20 倍。为保证钱币的质量，采取了以下措施：

1. 将各州自行铸造的钱币销毁，由朝廷统一铸币。严厉打击私铸者，诏令“私铸者皆弃市”。

2. 严禁质量低劣的钱币流通，强制规定钱币的形制、材质和铸造工艺。

3. 北宋中期，随着经济发展，商品交换频繁，钱币需求量极大。适时增加铸钱监，加大铸钱量，从太宗时期的年铸 80 万贯，增加到神宗熙宁六年（1073）铸 610 万贯，同时禁止铜钱出境。

4. 繁荣钱币文化，钱文纷繁多样，先后出现了年号钱、国号钱、御书钱、三体钱、对子钱及各种书体钱，并使钱币随着皇权的更迭而变换新的面貌。其中包含大量名誉品、珍稀品和绝美品，它们都是研究北宋社会经济状况和钱币文化的宝贵实物资料。

以上措施，既提高了钱币的信誉，增加了钱币的数量，促使了经济发展，又繁荣了钱币文化。儒翰临风，平泸争荣，推动了钱币品质的提升和书法艺术达到高峰。

|重和通宝|

宋元通宝——北宋王朝第一铸币

宋太祖赵匡胤建隆元年（960），沿用开元通宝钱样铸第一钱币，以国号宋为钱名，故宋元通宝称为“国号钱”。背有星纹、月纹、横杠纹等四五十种纹样。

宋元通宝小平广穿铁母

铜质精细，内外廓规整，广穿精修，字口深峻，存世稀少。

直径24.2毫米
穿宽7.3毫米
厚1.2毫米
重3.7克

宋元通宝背星纹

宋元通宝背月纹

宋元通宝背横杠纹

宋元通宝背斜月纹

| 闲话太平钱 |

太平是人们向往的社会状态，中国历来有“宁为太平犬，勿为乱世人”的说法。宋太宗赵光义太平兴国年间（976—983）铸太平通宝小平，年号钱，铜质。钱文由太宗御笔题写。这是北宋建国后所铸的第一种年号钱。此后年号钱随改元而兴起，逐渐达到高峰。

太平通宝不仅是流通货币，而且被人们视为吉祥之物。人们常将其钉在帽子上，穿在衣带儿上，系于房梁上，或在女儿嫁妆的箱底压上几枚。直到现在，农村建房时仍有人在地基下埋几枚太平钱，以驱邪纳吉。

| 太平通宝小平中穿铁母 |
面、背均有内外廓，钱体厚重，穿口精修规整，铜质精细，锈色翠绿，均匀自然，珍稀。

直径 24.3 毫米
穿宽 7.1 毫米
厚 1.28 毫米
重 3.2 克

| 太平通宝背月纹 |

| 淳化元宝、至道元宝 |

在宋代，草、隶、篆、行、楷书均可入钱文，不仅有许多著名书法家大显身手，甚至连皇帝也技痒难忍，挥毫泼墨。宋太宗赵光义于淳化元年（990），御笔亲书淳化元宝、至道元宝的楷、行、草三种钱文，开创了中国钱币御笔亲书三体钱文的先例。

淳化元宝、至道元宝大字版，精整细腻，端庄雅致，集全一套不易。

此外还有一种淳化元宝金质背双佛像的供养钱（在山西五台山佛像体内发现，被当地群众哄抢，后被公安机关和文物部门抢救性回收）。

| 淳化元宝背双佛像 |
金质，日本友人大石藏品。

| 淳化元宝缩“水”版 |
“淳”字的三点水紧凑、靠上。钱体厚重，锈色翠绿，自然均匀，古香古色，较为稀缺。

直径 24.7 毫米
穿宽 6 毫米
厚 1.4 毫米
重 4.1 克

| 淳化元宝大字大“宝”版 |

| 至道元宝大字大“宝”版 |

咸平元宝的珍稀版别

宋真宗赵恒咸平年间(998—1003)铸，年号钱，由真宗御笔题写楷书钱文，仅有小平版及阔缘版，铸期约两年，数量较少。

咸平元宝的珍稀版别有：

1. 草“元”版。“元”字是草书，其他三字都是楷书。这种版别非常少见，为一级币。

2. 阔“宝”降“宝”版。“宝”字很宽，楷书，起笔低于上穿口（一般情况下起笔高于上穿口），下面两点分得很开。少见，二级币。

3. 阔缘版。外缘特别宽大，字体较小。少见，二级币。

4. 阔缘塔子钱。外缘特别宽大。直径约33.8毫米，穿宽约3.4毫米，厚3.5毫米，重约22.4克。钱体厚重，穿口略小。多出于四川，少见。

咸平元宝草“元”版（网络图片）

咸平元宝阔“宝”降“宝”版（网络图片）

咸平元宝阔缘版（网络图片）

咸平元宝阔缘塔子钱

| 祥符元宝、祥符通宝 |

宋真宗赵恒大中祥符元年（1008）铸，年号钱，开创了北宋元宝、通宝同铸之先河。祥符通宝仅见铜钱。祥符元宝与祥符通宝钱文均为楷书，旋读，铸量大，版别多。

| 祥符元宝广穿版（创新版）|

边廓规整，穿口精修，呈拔模斜口，背广廓，薄绿锈，自然钝厚。“祥符元宝”四字书写奇异，查诸多钱谱、图录等，均未见此版，应当作创新版。

直径 23.7 毫米
穿宽 6.4 毫米
厚 1.3 毫米
重 3.2 克

| 祥符元宝小平面星纹（创新版）|

钱体薄，穿口大，“符”字下面有星纹，查诸多钱谱、图录等，均未见此版，应当作创新版。

直径 24.5 毫米
穿宽 5.8 毫米
厚 1.3 毫米
重 3.9 克

| 天禧通宝大样大字“翘尾通”版 |

宋真宗赵恒天禧元年（1017）铸，年号钱。铜、铁两铸，钱文为楷书，旋读，光背，版别不多。

| 天禧通宝大样大字“翘尾通”版 |

字体大，外廓细，穿口大，“通’字的走之底翘起，俗称“翘尾通”。铸工精致，底章平整，生坑薄锈，自然温润，稀见。

直径 26.6 毫米
穿宽 7.1 毫米
厚 1.3 毫米
重 4.2 克

| 天禧通宝阔“宝”铜母 |

边廓阔，内廓细，穿口精修，铜质精细，底章平整。

直径 26.5 毫米
穿宽 6.9 毫米
厚 1.2 毫米
重 3.8 克

| 天禧通宝小平面星纹 |

天圣元宝普品中的佼佼者

宋仁宗赵祯天圣元年（1023）铸，年号钱，只有小平版。

此版别堪称普品中的另类。

天圣元宝
日本友人吉田藏品。

皇宋通宝“九叠篆”版

宋仁宗赵祯宝元二年（1039）铸皇宋通宝，小平，国号钱。钱文篆书，铜、铁两铸，版别繁复，楷、篆成对，铸量极大。

其中，皇宋通宝“九叠篆”版是北宋最珍稀的版别之一，目前市场上能看到的只有寥寥数枚。该钱币应是一种赏赐钱，铸造精湛，书法奇特，数量稀少，是中国古钱币五十名珍之一。

“九叠篆”是篆书中比较特殊的一种写法，笔画折叠推曲、均匀对称，在当时非常流行，宋代很多府衙都用“九叠篆”书体制印。

皇宋通宝小平“九叠篆”版（网络图片）

直径 25.2 毫米
重约 4.6 克

至和重宝

宋仁宗赵祯至和年间（1054—1056）铸，年号钱。除小平钱外，还有折二、折三大钱。

至和重宝折三铁母（网络图片）
直径大，内外廓高挺深峻，铸造规整，钱文楷书，旋读，笔画粗壮有力，字口深峻精美，底章平整，存世量少。

直径 35.8 毫米
穿宽 7.6 毫米
厚 7.4 毫米
重 16.6 克

| 治平通宝 |

宋英宗赵曙治平年间（1064—1067）铸。钱文有楷书、篆书两种，通宝、元宝成对。钱文直读、旋读皆有。

| 治平通宝小平铜母 |

面、背内外廓规整，钱文高挺无粘连，穿口精修，铜质精细，底章平整。

直径 25 毫米
穿宽 7.2 毫米
厚 1.4 毫米
重 3.9 克

| 熙宁通宝 |

宋神宗赵顼熙宁年间（1068—1077）铸，年号钱。

当时恰逢王安石变法，铸钱量特别大，版式有近百种，数量仅次于元丰通宝。熙宁通宝折二铁母极罕见。熙宁元宝小平背穿上有“衡”“衡”和“省冠”者少见。

| 熙宁通宝折二正字仰“宝”铁母 |

铜质细腻，钱体厚重，字口深峻，红斑绿锈，自然古朴，罕见。

直径 34.2 毫米
穿宽 7.4 毫米
厚 2.5 毫米
重 14.5 克

| 熙宁元宝小平背“衡”篆书、隶书一对 |

钱体轻薄，字口粗糙，薄绿锈，自然古朴，背篆书“衡”字，字迹模糊。《北宋铜钱》将其定为六级钱币。

直径 24.7 毫米
穿宽 5.7 毫米
厚 1.2 毫米
重 4.4 克

钱体轻薄，字口粗糙，古铜色包浆，背隶书“衡”字，字迹模糊。《北宋铜钱》将其定为六级钱币。

直径 24.9 毫米
穿宽 6.5 毫米
厚 1.3 毫米
重 3.7 克

| 熙宁元宝小平省“冠”版 |

钱体轻薄，字口粗糙，“宁”字宝冠直笔，无“冠”。翠绿锈色，浑厚自然。《北宋铜钱》将其定为七级钱币。

直径 23.3 毫米
穿宽 6.9 毫米
厚 1.1 毫米
重 2.4 克

| 熙宁元宝小平、熙宁重宝折二“三点熙”版 |

包浆翠绿自然。“熙”字缺一点，缘由不清楚，相对稀少。尤其是折二背文字版不多见（诸钱谱未录，待考）。《北宋铜钱》将其定为八级钱币。

直径 28.5 毫米
穿宽 5.9 毫米
厚 1.8 毫米
重 7.2 克

| 元丰通宝 |

宋神宗赵顼元丰元年（1078）铸，年号钱。铜、铁两铸，版式多。为增加铸币数量，新增铸钱监 26 个，其中铜钱监 17 个、铁钱监 9 个，年铸钱量高达 600 多万贯。元丰通宝是铸量最大的一种钱币，为历朝之冠。

版式有小平、折二和铁钱，钱文有篆、行、隶三种书体，互成对钱，极其复杂。特别是行书版钱文，流畅俊逸，尽显风采。

其中，小平背月纹版、小平大字篆书版常见，小平隶书版较少见。据传，隶书版有“东坡元丰”及安南仿铸的“虎尾元丰”，均罕见。

| 元丰通宝折二篆书正字阔缘铁母 |

钱体宽大厚重，外廓浑圆深峻，钱文凝重端庄，笔画苍劲古拙，字口挺拔无粘连，锈色深蓝入骨，暗红包浆古朴。珍稀。

直径 35.9 毫米
穿宽 7.1 毫米
厚 2.5 毫米
重 15.8 克

| 元丰通宝折二篆书、行书铁母 |

钱体厚重，穿口精整，铜质细腻，底章平整，生坑锈色，绿而泽润自然，稀少。

直径 32.1 毫米
穿宽 7.13 毫米
厚 2.6 毫米
重 13.8 克

| 元丰通宝折二行书背月纹铁母 |

面、背内外廓深峻挺拔，穿口修磨整齐，钱文恢宏酣畅，生坑薄绿锈，露铜处有古铜色包浆，均匀自然，稀少。

直径 32.2 毫米
穿宽 7.3 毫米
厚 2.1 毫米
重 11.2 克

| 元丰通宝折二行书铜母 |

钱文深峻挺拔，穿口精修，红斑绿锈，均匀自然，稀少。

直径 29.9 毫米
穿宽 6.6 毫米
厚 2 毫米
重 8.1 克

| 元丰通宝折二行书面星纹 |

相关图录无载，红斑绿锈，稀少。

直径 28.5 毫米
穿宽 6 毫米
厚 1.7 毫米
重 7.2 克

| 元丰通宝小平隶“元”版 |

生坑薄绿锈，自然均匀。

直径 25.1 毫米
穿宽 6 毫米
厚 1.2 毫米
重 4.4 克

元祐通宝

宋哲宗赵煦元祐元年（1086）铸，年号钱。有铜质、铁质的小平钱和折二钱两种，篆、楷书钱文者成对，版别繁杂，难以计数。小平钱背“陕”较稀见。铁钱多见，版别也多。铁母罕见。

元祐通宝折二篆书铁母

面、背内外廓整齐挺拔，穿口精修，方正规整，底章平整，锈色自然，古铜色包浆均匀、古朴、润滑。

直径 33.4 毫米
穿宽 7.1 毫米
厚 2.3 毫米
重 16.2 克

元祐通宝折二楷书仰“元”狭“通”铁母

面、背内外廓挺拔，广穿精修规整，铜质细腻，底章平整，薄绿锈色，均匀自然，古铜色包浆，古香古色。

直径 33.1 毫米
穿宽 7.9 毫米
厚 2.2 毫米
重 12.2 克

元祐通宝小平背“陕”

小平楷书背“陕”：面、背均有内外廓，深峻、整齐、挺拔。穿口方正，无流铜。铜质细腻，朱砂绿锈，均匀自然。

直径 23.7 毫米
穿宽 4.8 毫米
厚 1.4 毫米
重 4.5 克

小平楷书背“陕”：面、背内外廓深峻、整齐、挺拔，穿口方正，铜质细腻，熟坑铜色包浆，自然古朴。

直径 23.8 毫米
穿宽 5.2 毫米
厚 1.2 毫米
重 3.3 克

小平篆书背“陕”：边廓整齐深峻，穿口规整，红斑入骨，蓝绿锈，包浆自然。

直径 23.9 毫米
穿宽 5.1 毫米
厚 1.4 毫米
重 3.8 克

| 元祐通宝折二楷书、小平篆书正字背星纹 |

干坑红斑绿锈，古铜色包浆，古朴自然。

| 元祐通宝折二正字铜母 |

面、背边廓规整，穿口精修，铜质细腻，底章平整，钱文深峻挺拔，笔画粗壮有力，生坑红斑绿锈，包浆自然。稀少。

直径 29.9 毫米
穿宽 5.9 毫米
厚 2 毫米
重 9 克

| 元祐通宝 |

绍圣元宝、绍圣通宝

宋哲宗赵煦绍圣元年(1094)铸,年号钱。有小平、折二两种,铜、铁两铸,篆、行书体钱文者成对。

绍圣元宝折二正字狭“圣”铁母

钱体厚重,面、背边廓宽阔规整,穿口精修,呈拔模斜度,铜质细腻,底章平整,钱文挺拔。古铜色包浆,自然温润。稀少。

直径 34.6 毫米
穿宽 7.2 毫米
厚 2.6 毫米
重 16.3 克

绍圣通宝小平正字铁母

边廓规整,穿口精修,呈拔模斜度,铜质细腻,底章平整,钱文挺拔。红斑绿锈,自然温润。稀少。《北宋铜钱》将其定为一级钱币。

直径 24.5 毫米
穿宽 5.5 毫米
厚 1.6 毫米
重 5.5 克

绍圣通宝小平楷书中字版

钱文楷书,字体大,特征明显。边廓规整,红斑绿锈,自然温润。

直径 24.4 毫米
穿宽 5.5 毫米
厚 1.2 毫米
重 3.3 克

元符通宝

宋哲宗赵煦元符二年(1099)铸,年号钱。有小平、折二两种,铜、铁两铸。钱文有楷、行、隶、篆体,书法精美,气势磅礴。其中小平楷、篆体铜质钱均为铁母,珍稀。

元符通宝小平楷书广穿狭“通”铁母

钱文楷书,旋读,字体硕大,深峻挺拔。穿口精修,背广廓。古铜色包浆,自然温润。珍稀。《北宋铜钱》将其定为三级钱币。

直径 24 毫米
穿宽 6.2 毫米
厚 1.5 毫米
重 3.9 克

元符通宝小平楷书大字狭穿铁母

钱文楷书,旋读,字体硕大,笔画平直,苍劲有力。穿口深峻无粘连。珍稀。《北宋铜钱》将其定为二级钱币。

直径 25.5 毫米
穿宽 5.7 毫米
厚 1.6 毫米
重 5.2 克

元符通宝小平篆书广穿正廓大样铜母

钱文篆书,旋读,字体深峻挺拔。面、背廓规整,广穿精修。生坑红斑绿锈,包浆自然温润。

直径 24 毫米
穿宽 6.4 毫米
厚 1.4 毫米
重 4.4 克

| 元符通宝小平行书广穿狭“通”背月纹（创新版）|

查诸多钱谱、图录等，均未见此版，应当作创新版。

直径 24.9 毫米
穿宽 6.7 毫米
厚 1.3 毫米
重 3.4 克

| 圣宋元宝 |

宋徽宗赵佶建中靖国元年（1101）铸，国号钱。有小平、折二两种，铜、铁两铸，篆、行书体钱文者成对，并有楷书及隶书者，旋读，光背。小平铜钱版别多，稀有版别“中冠宝”“开裆元”“结圣”“结宋”等圣宋元宝，钱文秀丽，铸造精整，存世量不多。其中隶书钱文的铁母罕见。

| 圣宋元宝小平“开裆元”版 |

面、背内外廓较浅，钱文瘦长，写法奇特，生坑红斑绿锈，古朴厚实。《北宋铜钱》将其定为四级钱币。

直径 24.9 毫米
穿宽 5.8 毫米
厚 1.5 毫米
重 4 克

| 圣宋元宝隶书大样阔“宝”铁母 |

日本友人吉田藏品。

| 圣宋元宝隶书大样铁钱 |

直径 31 毫米
穿宽 6.7 毫米
厚 3.2 毫米
重 9 克

| 圣宋元宝折二篆书大字阔缘铜母 |

面、背内外廓深峻，穿口精修，底章平整，
钱文挺拔，翠绿锈，黑漆古厚实入骨。

直径 30.5 毫米
穿宽 6.6 毫米
厚 2 毫米
重 8.2 克

| 圣宋元宝小平“中冠宝”版 |

阔缘，钱文篆书，秀丽挺拔，
红斑锈自然入骨。

| 圣宋元宝小平“结圣”“结宋”版一对 |

“结圣”指的是钱文中“圣”字中“王”的第一横和第二横中间用一个圈连接起来了。

“结宋”指的是钱文中“宋”字的“木”左边的撇连接成一个圈，而普通版别“木”左边的撇是直的。

| 崇宁通宝 |

宋徽宗赵佶崇宁年间（1102—1106）铸，年号钱。有小平、当十两种。小平钱铸量少，版别不多（大字版少见）。

钱文为瘦金体，俗称“铁画银钩”，飘逸劲拔，为古今一绝，是徽宗赵佶书法的真实再现，也是御书钱文中最秀美的。崇宁通宝当十钱铸量大，版别多（有 100 多种）。

| 崇宁通宝当十正字铁母 |

面、背内外廓规整，钱文深峻挺拔，内缘、穿口精修，呈拔模斜度。铜质细腻，底章平整，是崇宁通宝中的顶级收藏品。《北宋铜钱》将其定为二级钱币。

直径 33.4 毫米
穿宽 7.3 毫米
厚 2.4 毫米
重 11.2 克

| 崇宁通宝小平正样版 |

内外廓规整，广穿，钱文深峻挺拔，结晶翠绿锈色，自然精美。《北宋铜钱》将其定为五级钱币。

直径 25.2 毫米
穿宽 6.2 毫米
厚 1.7 毫米
重 4.3 克

| 崇宁通宝小平细字版 |

内外廓规整，锈色翠绿发蓝，白斑晶莹温润。《北宋铜钱》将其定为五级钱币。

直径 25.3 毫米
穿宽 5.7 毫米
厚 1.5 毫米
重 3.9 克

| 崇宁通宝小平大字版 |

内外廓规整，背广廓。钱文书法奇特，张力十足。锈色翠绿发蓝，古朴自然。铸量少，最稀缺。《北宋铜钱》将其定为四级钱币。

直径 23 毫米
穿宽 6 毫米
厚 1.4 毫米
重 2.9 克

| 崇宁通宝铁范铜 |

内外廓规整，古铜色包浆，古朴、红润、自然。

直径 31 毫米
穿宽 7.9 毫米
厚 2 毫米
重 9.1 克

| 铁母与铁范铜的区别 |

过去有很多人把铁母和铁范铜归为一类，其实这种认识是不对的。随着对北宋铜钱尤其是铁钱铸造技术的深入研究，人们得出的结论是：铁母和铁范铜钱是不一样的。

铁母就是铸造铁钱用的铜质母钱。而铁范铜不是母钱，它是在用铁母铸造铁钱之前，因为铁水的流动性较差，先用铜水试铸一下，试铸出来的铜钱就叫“铁范铜”，也叫“头炉钱”。因铁范铜铸造精良，所以人们会把它和铁母混为一谈。

仔细研究会发现，铁范铜在精度、厚度及铜质等方面都和铁母有差距。铁母的铜质更细腻，精修穿口和背廓；而铁范铜却没有如此精良。但铁范铜存世量非常少，因为不可能大批量铸造这种示范钱。

尽管铁范铜存世量非常少，但仍然比铁母的价格低很多；而相对于其他普通钱币，价格却很高。

北宋铸造铁钱的主要原因是：当时铜材非常少，要以铁来代替；周边少数民族地区也缺少铜矿，往往收走铜钱去化铜制器，以图谋高价，所以在宋与辽、金的边界地区，为防止铜材大量流失，宋朝政府规定只许使用铁钱。这导致铜钱稀少，单枚的价值远远高于铁钱。于是有人铤而走险，化铜用铁母私铸铜钱以牟利。但这些铁范版的铜钱，铸造工艺差，不算真正的铁范铜。

| 崇宁通宝铁母 |

| 崇宁通宝铁范铜 |

崇宁重宝背“十”试铸纪炉钱

宋徽宗崇宁年间（1102—1106）铸，传钱文为徽宗所书，也有说是太师蔡京所书。

钱币大师孙仲汇早年著《古钱》一书称：“崇宁重宝隶书当十钱，版别也较复杂，大致可分为大字、小字、大样、小样、长丁、短丁、阔缘、狭缘等数种。除铁母稀少外，还有一枚背穿上‘十’字，可能是初铸品，故标明面值。但除了日本平尾氏旧藏一枚外，国内尚未见到真品。而日本的一枚因无法辨别，真伪未卜。”可见此版别之珍稀。

崇宁重宝“勾崇”版较少见。

崇宁重宝背“十”

铜质精细，铸造规整，直径大，细缘，纤字，大字大样，面、背内外廓精修，似为初铸样钱。锈色红斑紫蓝，入骨自然。《北宋铜钱》将其定为一级钱币。

直径 36.5 毫米
穿宽 7.9 毫米
厚 2 毫米
重 10.5 克

崇宁重宝勾“崇”版

细缘，铜质较粗，面、背内外廓较规整，北方坑口，深绿锈色，黑漆古包浆，古朴自然。

直径 32.9 毫米
穿宽 7.4 毫米
厚 2 毫米
重 11.3 克

直径 33.5 毫米
穿宽 8 毫米
厚 2.1 毫米
重 11.1 克

崇宁重宝

| 宋徽宗亲自写钱文 |

宋徽宗赵佶当皇帝时，怠于政事，听信奸佞。他任用蔡京主持国政，贪污横暴，滥增税赋，起初每月征敛36万贯，随后增至每月120万贯，搜刮民财，极尽奢靡。以致金兵南下时，北宋几乎毫无抵抗能力。徽、钦二帝被俘北去，最终客死他乡。

但是，在保护和发展传统文化艺术方面，宋徽宗可谓不遗余力，做出了重要的贡献。御府保存了大量古代和当时的山水、人物、花鸟作品，并编辑了《宣和书谱》《宣和画谱》和《宣和博古图》等资料，珍藏文物数量几倍于前朝。

在货币制作上，宋徽宗在方孔圆钱上用瘦金体书写“崇宁通宝”“大观通宝”等钱文，笔力遒劲，刚直瘦硬。加上用狭缘而不用阔缘，钱文与细廓的线条有简有繁，配合得得体和谐、恰到好处，使人赏心悦目，充分显示出宋徽宗的书法艺术和审美观。

北宋的对子钱到宋徽宗时可谓达到了顶峰，“圣宋”“政和”“宣和”“重和”等对子钱有很多种，配起来能表现出中国绘画、建筑艺术中所讲究的对称美。

御书钱中，崇宁通宝小平、宣和通宝背“陕”、大观行书小平钱等都是珍稀品。其中的小平铁钱曾在陕西等地发现过。

大观行书小平铁母在国内仅存数十枚。此前泉家张淑驯曾有一枚，带到了国外，下落不明。日本人曾有一枚，据说是在1921年得自开封。近年国内发现数枚。这种行书的大观通宝是瘦金体钱文大观钱的异品，钱文无瘦金体之刚劲，但飘逸潇洒，秀美异常，似为宋徽宗手笔。

| 大观通宝小平行书铁母 |

| 大观通宝小平行书铁母 |

铜质细腻，底章平整，钱文铁画银钩，飘逸洒脱，秀美异常。《北宋铜钱》将其定为一级钱币。

直径 25.8 毫米
穿宽 5.9 毫米
厚 1.6 毫米
重 5.4 克

| 大观通宝折三铁母 |

面、背均有内外廓，边廓窄而深峻，穿口挺拔，铜质细腻，底章平整。锈色翠绿，古朴自然。《北宋铜钱》将其定为二级钱币。

直径 33.1 毫米
穿宽 7.6 毫米
厚 2.7 毫米
重 12.8 克

| 大观通宝折十 |

面、背内外廓规整、深峻，钱文瘦直挺拔，收笔带钩，撇如匕首，捺如切刀，劲健有力。薄绿锈色，敧侧姿媚。

直径 41 毫米
穿宽 11 毫米
厚 3.6 毫米
重 16 克

| 大观通宝小平 |

钱文为瘦金体，笔画飘逸，劲健俊秀。薄绿锈色。

直径 25.8 毫米
穿宽 5.9 毫米
厚 1.6 毫米
重 5.4 克

|大观通宝等|

宋徽宗的“铁画银钩”瘦金体，飘逸劲拔，古今一绝。

政和通宝

北宋时期，钱币上的文字是由书法大家来写的。宋徽宗就是有名的书法家，他自创的瘦金体至今仍然很受人喜欢。

政和通宝是宋徽宗赵佶政和年间（1111—1118）所铸，年号钱。有小平、折二、折三三种，铜、铁两铸，版别复杂。小平铜质普品钱，铸量大，存世多。尤其是铁钱铸量极大，存世更多。

政和重宝折三（铁质）（铜质的皆为铁母）

铁钱中以大“宝”、长“宝”者最为珍罕，字体端庄，质地精良，佳美者稀少，定级颇高，是珍贵的宋徽宗时期的泉种之一。

政和通宝折二篆书铁母

面、背边廓深峻，穿口精修，背四决，红斑绿锈，薄而均匀。《北宋铜钱》将其定为二级钱币。

直径 30.9 毫米
穿宽 7.4 毫米
厚 2.4 毫米
重 10.7 克

政和通宝折三篆书正字广穿铁母

细缘广穿，规整精修，底章平整，文字深峻，古铜色包浆古朴。《北宋铜钱》将其定为二级钱币。

直径 32.4 毫米
穿宽 8.6 毫米
厚 2.8 毫米
重 10.1 克

政和通宝折三瘦金体字铁母

面、背边廓深峻，底章平整，穿口精修，黑漆古温润自然。《北宋铜钱》将其定为二级钱币。

直径 31 毫米
穿宽 8.4 毫米
厚 2.1 毫米
重 10.3 克

| 政和通宝小平重“和”篆书、隶书 |

| 政和通宝小平文“政”阔“和”篆书、隶书 |

| 政和通宝小平楷书大字、抱“政”、中“和”、文“政”阔缘版 |

| 大观通宝等 |

大观通宝，美如山水，旖旎动人，犹如珍珠，含蓄深沉，似乎在诉说它们背后的故事。

重和通宝——北宋灭亡的“种子”

重和通宝铸于宋徽宗重和年间（1118年十一月至1119年二月），年号钱。篆、隶钱文者成对，篆书者少，隶书者多，直读，光背，铸造精美，仅见一种版式。

北宋王朝共167年，历9帝，35个年号，铸年号钱约30种，类别、版式无法统计。昏庸无能的宋徽宗在位24年（1101—1125），一方面对北方外族侵略者奴颜婢膝，一方面对广大劳动人民进行残酷的政治压迫和经济剥削，在位期间共用6个年号，其中“重和”使用最短，仅三个月。因此重和通宝量少难觅，是名誉钱币之一。

重和钱在形制上匠心独运，很有特色。钱体大小一致，厚肉深廓，上下左右互相对称，所留空白也呈斜线呼应，可谓结构宽博，规整精致，铸工精良，构思缜密。钱文笔画匀称，与轮廓浑然一体，无论是篆书还是隶书，都笔画流利多姿、韵致生动，笔力拙朴浑厚、雄豪磅礴，均保持方正风格。隶书于平直之中见圆润，篆书于圆润之中显平直，隶书隶“贝”开足，篆书圆“贝”开足，突出地表现出方正和稳健。相比崇宁通宝等钱文的瘦金体，更显得俊逸潇洒。

史载，宋徽宗政和年间（1111—1118），政治操控在蔡京、童贯等人手中。他们结党营私，荼毒生灵。徽宗在奸臣的唆使下，不仅对广大劳动人民进行残酷的政治压迫和经济剥削，还在江南搜刮奇花异石、金银财宝，通过花石纲运往京城。由于宋王朝对劳动人民的搜刮无孔不入，在河北、山东形成了宋江等人领导的农民起义队伍，声势浩大。他们“横行河朔，转掠十郡”，使北宋官兵不敢靠近。眼看“政和”不和，徽宗于1118年11月改“政和”为“重和”。但徽宗并没有停止对人民的搜刮，因而起义军继续活跃于京东西路、京东东路，宋王朝受到极大的威胁，“重和”实际上是“重”而“不和”。于是，徽宗不得不于1119年2月又改“重和”为“宣和”，并加紧了对农民起义军的镇压。“重和”时间虽短，却为北宋王朝的灭亡埋下了内患的“种子”，写上了凝重的一笔。

重和通宝小平隶书

面、背边廓、穿口规整，文字挺拔，底章平整，生坑红斑绿锈，入骨自然。《北宋铜钱》将其定为三级钱币。

直径25.8毫米
穿宽6.2毫米
厚1.3毫米
重3.3克

重和通宝小平篆书

面、背边廓规整深峻，文字挺拔，底章平整，熟坑红斑，黑漆古薄而均匀。《北宋铜钱》将其定为二级钱币。

直径25.8毫米
穿宽6毫米
厚1.2毫米
重3.6克

重和元宝小平（银质）

日本友人吉田藏品。

| 宣和元宝 |

宋徽宗赵佶宣和年间（1119—1125）铸，年号钱。宣和元宝有小平一种，篆、隶成对，光背，铸量少，版别不多，珍品不少。

| 宣和元宝小平篆书 |

面、背内外廓规整，穿口精修，铜质细腻，底章平整，钱文旋读，字体工整端庄，笔画深峻、纤细有力，精美。《北宋铜钱》将其定为二级钱币。

直径 23.8 毫米
穿宽 6.1 毫米
厚 1.6 毫米
重 4 克

| 宣和元宝小平美制、狭字版 |

日本友人吉田藏品。

| 宣和通宝 |

宋徽宗赵佶宣和年间铸，年号钱。有小平、折二、折三、当五四种，铜、铁两铸。钱文篆、隶成对，直读，光背。

宣和通宝小平钱铸量多，版别繁杂，其中珍品很多，如圆贝宝、巨头宝、楷通宝、升通宝、离宝、方冠宝、斜“和”、广穿等版别。

珍稀版有宣和通宝小平背“陕”。且铸有铁钱，铸量较多，大多字迹不清。

折二、折三、当五钱较多，铜母稀少，铁母罕见。

| 宣和通宝小平篆书“巨头宝”版 |

内外廓规整，钱文直读，字体工整，笔画纤细有力，红斑绿锈，温润自然。《北宋铜钱》将其定为三级钱币。

直径 25 毫米
穿宽 6.2 毫米
厚 1.7 毫米
重 4.3 克

| 宣和通宝小平隶书“巨头宝”版 |

内外廓规整，广穿，钱文直读，字体工整，笔画纤细有力，薄绿锈，黑漆古，古朴温润。《北宋铜钱》将其定为三级钱币。

直径 25 毫米
穿宽 6.6 毫米
厚 1.3 毫米
重 3.8 克

宣和通宝小平背“陕”

内外廓规整，广穿，钱文直读，字体工整飘逸，笔画纤细有力，红朱砂，薄绿锈，均匀包浆。《北宋铜钱》将其定为三级钱币。

直径 25.8 毫米
穿宽 6.5 毫米
厚 1.6 毫米
重 4.6 克

宣和通宝小平背“陕”（铁质）

内外廓规整，广穿，钱文直读，字体纤细飘逸，生坑铁锈为红色。

直径 25.2 毫米
穿宽 6.7 毫米
厚 1.7 毫米
重 4.7 克

宣和通宝折二篆书

内外廓规整，穿口精修，文字深峻，底章平整，钱文直读，字体工整有力，蓝绿锈均匀自然。

直径 31.3 毫米
穿宽 6.6 毫米
厚 2 毫米
重 8.9 克

宣和通宝折二隶书

边廓阔，穿口精，底章平整，钱文直读，字体挺拔有力，蓝绿锈色。

直径 32.1 毫米
穿宽 6.8 毫米
厚 1.5 毫米
重 7.2 克

宣和通宝小平圆贝宝、广穿、方冠宝版一组

| 靖康之耻——北宋王朝永远的痛 |

北宋末年，王朝摇摇欲坠，金兵乘势南下，势如破竹。宋徽宗见势不妙，便推卸责任，传位给儿子，自己做了太上皇。赵桓即位为钦宗皇帝，并于1126年改元靖康。

无奈形势每况愈下，金兵一夜间渡过黄河，围攻汴梁。钦宗不敢抵抗，苟且偷生。靖康二年（1127）四月，徽、钦二帝被掠往北方，蒙受奇耻大辱，史称“靖康之变”。

靖康年短，又值金兵南侵，因而留存下来的钱币极少。

南宋抗金名将岳飞《满江红》中有“靖康耻，犹未雪”一句。每当人们看到靖康钱时，都会想起岳飞抗金的爱国故事，更增强了保家卫国的决心。

靖康元宝是靖康元年所铸，钱文有隶、篆两种，旋读。有小平、折二、折三对子钱（折二多，折三、小平少）。此钱量少难觅，版别繁多，尤以小平较为珍贵。因其独特的历史背景，且铸期短，传世极少，故泉家多求之。

| 靖康元宝折二篆书 |
外廓、边廓宽，穿口整齐，背穿略宽，包浆蓝绿锈色。

直径 30.1 毫米
穿宽 6.5 毫米
厚 1.7 毫米
重 8.2 克

| 靖康元宝折二隶书 |
面、背边廓略宽，钱文粗壮有力、平直，蓝绿锈色，较薄。

直径 30.3 毫米
穿宽 6.8 毫米
厚 1.6 毫米
重 6.9 克

| 靖康通宝折二 |
篆、楷书钱文者各一枚，日本友人吉田藏品。

| 南宋王朝经济繁荣，政治腐败，亡国灭种 |

南宋（1127—1279）是北宋灭亡后，由赵氏皇族在江南建立的政权。虽是君王昏庸、政治腐败的“逃亡政府”的朝代，但也是中国历史上经济发达、文化繁荣、科技进步的时代。

自公元1127年宋徽宗第九子赵构即位，迁都临安（今浙江杭州），到公元1279年陆秀夫负幼帝赵昺投海自尽，南宋历9位皇帝，共152年。

北宋、南宋的铜钱、铁钱明显不同：北宋铜钱多而铁钱少，南宋铁钱多而铜钱少；北宋铜钱小平多而大钱少，南宋铜钱小平少而大钱多；北宋以年号为钱文，南宋不但以年号为钱文，且有纪年钱、纪监钱。

两宋货币与以前货币的最大区别是，钱文多为皇帝御书或书法大家所写，行、隶、楷、草、篆俱备，儒翰临风，平炉争荣，达到了我国货币书法艺术的巅峰。

建炎系列钱币——南宋第一钱

南宋建都临安(今浙江杭州),偏安一隅。因铜源缺乏,铸钱规模及数量远不及北宋。

建炎系列钱币,是南宋高宗赵构建炎年间(1127—1130)所铸的年号钱。钱文有楷书、隶书、篆书。无论是小平、折二,还是折三、折五,点“建”系列存世量均稀少,其特点是“建”字的“廴”加一点,成为区别于普通“建”字之处。

建炎通宝小平点“建”版

内外边廓细小,穿口方正,背廓浅,钱文中“建”字的“廴”加点,端庄秀美,灵动巧妙,趣味横生,锈色翠绿,古朴均匀。

直径 24.6 毫米
穿宽 6.3 毫米
厚 1.8 毫米
重 4.3 克

建炎通宝折二点“建”版

面、背内外边廓规整,制作精整,钱文端庄秀美,笔画纤细有力,锈色翠绿,润泽自然。

直径 27.7 毫米
穿宽 7.7 毫米
厚 1.5 毫米
重 4.9 克

建炎通宝折三楷书点“建”版

边廓规整,底章平整,广穿,钱文清晰挺拔,笔画无粘连,字体优美大气,生坑翠绿美艳,极为难得,存世稀少。

直径 29.6 毫米
穿宽 7.2 毫米
厚 1.9 毫米
重 7.1 克

建炎通宝点“建”系列一组

| 建炎重宝折十篆书 |
面、背穿廓周正，钱文苍劲有力，铸造精美，生坑翠绿深蓝，锈色美艳，状态一流，存世稀少。

直径 33.8 毫米
穿宽 9.3 毫米
厚 1.8 毫米
重 7.9 克

| 建炎通宝折二四挑母钱 |
面廓规整，广穿口精修，底章平整，红斑蓝绿锈，晶莹温润。钱文挺拔深峻，笔画有力，端庄精美，传世稀少。

直径 30.4 毫米
穿宽 7.5 毫米
厚 1.8 毫米
重 7.5 克

| 建炎通宝小平背“川” |
最稀少的品种之一，为极美品。

| 建炎元宝小平 |

在建炎系列钱币中，建炎元宝小平极为稀缺，国内尚未见有真品。只在日本友人吉田的藏品盒中见到篆、隶一对，倍感荣幸，录于书中，聊以为念，仅供欣赏。

| 建炎元宝小平 |
日本友人吉田藏品。

绍兴元宝、绍兴通宝

南宋高宗赵构绍兴年间（1131—1162）铸，有小平、折二两种，篆、楷成对。分为官铸、私铸，二者差别极大。

绍兴元宝小平（官铸）

钱文楷书，端庄秀丽，纤细有力。面廓、穿口规整，生坑红斑绿锈，铸造精美，传世稀少。

直径 24.1 毫米
穿宽 5.2 毫米
厚 1.3 毫米
重 3.4 克

绍兴元宝小平（官铸）

钱文篆书，端庄秀丽，纤细有力。面廓、穿口规整，生坑红斑绿锈，铸造精美，传世稀少。

直径 24.2 毫米
穿宽 5.3 毫米
厚 1.4 毫米
重 3.3 克

绍兴通宝小平

钱文楷书，直读，穿口模糊，面、背内外廓较浅，欠工整，硬绿锈。

直径 24.9 毫米
穿宽 5.6 毫米
厚 1.4 毫米
重 3.6 克

绍兴元宝折二篆书、楷书

面、背内外廓精整，穿口精修，绿锈中隐现红斑，钱文规整，背星月纹清晰。

直径 29.2 毫米
穿宽 7.2 毫米
厚 1.8 毫米
重 7.1 克

钱体厚重，边廓、内穿规整，生坑蓝绿锈，温润古朴。

直径 29.9 毫米
穿宽 7 毫米
厚 2.1 毫米
重 8 克

| 隆兴元宝 |

南宋高宗绍兴三十二年（1162），金主完颜亮领兵大举南侵，高宗让位于太子赵昚。赵昚登基后，改元隆兴，并于隆兴元年（1163）始铸隆兴元宝（通宝），字迹俊美。版式仅有折二一种，篆、楷成对。隆兴元宝（通宝）仅铸两年即停铸，存世量相对较少。

| 隆兴元宝折二楷书 |

铜质较粗，边廓、内穿规整，绿锈，古朴。

直径 30.4 毫米
穿宽 7.2 毫米

| 隆兴元宝折二篆书 |

铜质较粗，边廓、内穿欠规整，包浆蓝绿，锈色均匀。

直径 28.4 毫米
穿宽 7.4 毫米

| 乾道元宝 |

南宋孝宗赵昚乾道年间（1165—1173）铸，是孝宗皇帝所铸的第二种年号钱。版式为折二，多背星纹、月纹，有铜、铁钱，篆、楷书对钱。

南宋孝宗是南宋战乱时期难得的有作为的皇帝，在军事、政治上都有一定的抱负和成效，平反了岳飞冤案，加强了中央集权，惩治了贪官污吏，让老百姓的生活安定下来，开创了历史上的“乾淳之治”。他在位期间所铸的乾道元宝量大而质差。

| 乾道元宝折二篆书 |

内外廓规整，穿口方正，铜质细腻，底章平整，蓝绿锈包浆均匀。

直径 28.8 毫米
穿宽 7.5 毫米
厚 1.6 毫米
重 6.4 克

| 乾道元宝折二楷书 |

内外廓欠规整，穿口方正，铜质较粗，钱文不规整，蓝色锈包浆。

直径 28.7 毫米
穿宽 7.5 毫米
厚 1.7 毫米
重 7.4 克

淳熙元宝

南宋孝宗赵昚淳熙年间（1174—1189）铸。版式有小平、折二、折三，铜、铁两铸，钱文有楷、行、草、篆体。

淳熙元宝自淳熙七年（1180）起，背文开始添加纪年。自此，南宋各款钱币上的文字向单一的楷体发展。

淳熙元宝折二背“泉”

内外廓规整，穿口方正，铜质较粗，钱文旋读，字体端正，笔锋有力，薄蓝锈色，古朴自然。稀少。

直径 29.1 毫米
穿宽 6.9 毫米
厚 1.6 毫米
重 6.9 克

淳熙元宝折二背星月纹

淳熙元宝折二背“柒”至背“十一”

| 淳熙元宝小平背“柒”至背“十六” |

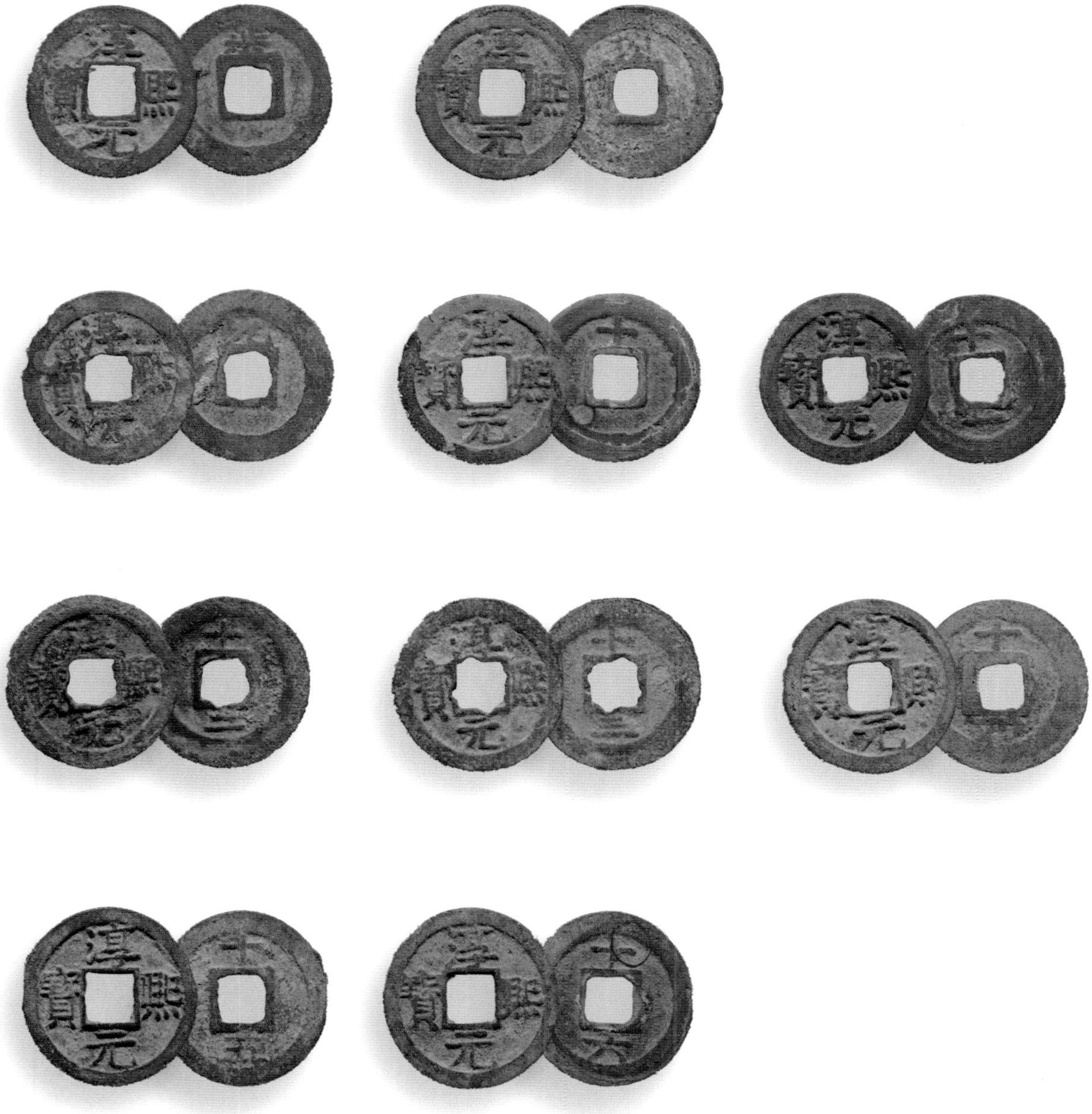

绍熙元宝

南宋光宗赵惇绍熙年间（1190—1194）铸。版式有小平、折二，铜、铁两铸。背均纪年，有背“元”至背“五”等。铸工优于其他南宋钱币。光宗朝还铸有绍熙通宝。

绍熙元宝小平背“元”至背“五”

细廓狭穿，较规整，铜质较粗，钱文旋读，字体端正，笔锋有力，南方干坑，淡黄薄锈。铸量大，存世多。

直径约 24 毫米
穿宽约 5.6 毫米
厚约 1.2 毫米
重约 2.9 克

庆元通宝

南宋宁宗赵扩庆元年间（1195—1200）铸。版式有小平、折二、折三、折五等，铜、铁两铸。背均纪年，有背“元”至背“六”等。铸量大，存世多。

庆元通宝小平背“元”至背“六”

铸工粗，欠规整，钱文旋读，字体端正，笔锋有力，南方坑口，淡黄薄锈。

直径约 24 毫米
穿宽约 6.4 毫米
厚约 1.2 毫米
重约 3.1 克

| 庆元通宝折二背“元”至背“六” |

铸工粗，钱文旋读，字体端正，笔锋强劲，紫色泛绿包浆，熟旧温润。

直径约 29.2 毫米
穿宽约 7.8 毫米
厚约 2 毫米
重约 7.7 克

| 嘉泰通宝 |

南宋宁宗赵扩嘉泰年间（1201—1204）铸。钱文楷书，有小平、折二，背有纪年“元”至“四”等。

| 嘉泰通宝小平背“元”至背“四” |

铸工粗，钱文浅，直读，字体端正，笔锋强劲，锈色泛黄，包浆熟旧。

直径约 27.7 毫米
穿宽约 7.2 毫米
厚约 2.1 毫米
重约 2.8 克

| 嘉泰通宝折二背“春”（铁质） |

面廓规整，铸工精细，钱文深峻，直读，字体端正挺拔，锈色泛黄，熟旧。

直径 25.1 毫米
穿宽 4.6 毫米
厚 2.6 毫米
重 6.9 克

| 开禧通宝 |

南宋宁宗赵扩开禧元年（1205）铸。版式有小平、折二、折三，铜、铁两铸。背有纪年“元”至“三”，纪监“同元”“春”“汉”等。

| 开禧通宝折二背“元”、背“二” |
面廓浅薄，铸工较粗，钱文旋读，字口较浅，有粘连，熟坑铜色深红，有包浆。

直径 29.3 毫米
穿宽 7.1 毫米
厚 1.6 毫米
重 7.6 克

| 开禧通宝折二背“同元”（铁质）|
面、背廓规整，钱文坚挺，旋读，熟坑铁锈深红，包浆厚重。

直径 27.8 毫米
穿宽 5.3 毫米
厚 2.5 毫米
重 7.4 克

| 嘉定元宝折十——盖世壮美，千古绝唱 |

南宋宁宗赵扩嘉定年间（1208—1224）铸，南宋名珍币种之一。铜钱有小平、折二、折十，铁钱有小平、折二、折三、折五。背纪年纪监。普通品存世较多，价格低廉。

“开禧北伐”失败后，主和派得势，宋金达成和议，南宋破棺取韩侂胄首级函至金廷以换取失地，每年增加岁币绢 30 万匹、银 30 万两，并赔偿战争犒师银 300 万两。金国于是罢兵，把大散关及濠州归还南宋。双方维持旧有疆界，史称“嘉定和议”。之后，宁宗安于一时之稳定，怠于政事，史弥远任宰相，长期专擅朝政，官场中结党营私，腐败奢靡，政治更加黑暗。

是时，地处漠北的蒙古汗国崛起，成吉思汗大举南侵，进掠金国境地。在蒙古军的进逼之下，金国不得已把都城从中都（今北京）迁到汴京（今河南开封）。由于南迁后疆土狭小，国用不足，财政困窘，金国采取了北面失地南面扩张的方法，开始攻侵南宋。嘉定十年（1217），金军分路进攻南宋，遭到宋军反击。战争伊始，宁宗惑于和战之争议，瞻前顾后，生怕重蹈覆辙，不敢对金宣战。后看到边关将士屡屡获胜，各路抗金义军纷纷涌起，遂下诏伐金，开始了宋金之间持续6年之久的战争。自开禧、嘉定以来，由于巨额军费及赔款带来的财政危机日趋严重，宋廷逐渐抛弃了稳健的货币政策，除大量发行楮币外，又广铸铜、铁钱以应市用。版式有小平、折二、折三、折五、折十，钱文有"通宝""元宝""重宝"等。其中尤以川炉所铸"嘉定"诸宝最有特色，宝文名称达十几种。

当我们看惯了崇宁、大观钱币精致秀丽的瘦金书，再来欣赏雄健壮美的嘉定元宝折十，觉其气韵、风骨直逼眼端。其书体糅合了颜真卿、柳公权之笔意，可谓"颜筋柳骨"，非名家手笔而不可为，真是既有千种风情，更显绮丽之意。加上硕大的形体、精良的铸造工艺，确系南宋在川、陕、甘与金对峙时所铸的足值军饷钱，也是南宋铜质大钱中的翘楚，令无数古泉爱好者陶醉。

| 嘉定元宝背"折十"（网络图片）|

面、背边廓及穿口精整，熟坑浅薄，古铜色包浆，钱文如高山流水，酣畅沉着，笔法遒劲，雄奇端庄，骨力刚健。

直径 54.7 毫米
穿宽 10.9 毫米
厚 3.5 毫米
重 42.9 克

| 嘉定通宝小平背"元"至背"十三"|

大宋元宝

南宋理宗赵昀宝庆年间（1225—1227）铸，非年号钱。版式有小平、折二两种，铜、铁两铸。钱文楷书，元宝钱文旋读，通宝钱文直读。背均纪年，背“元”至背“三”。

大宋元宝小平背“元”至背“三”

面、背边廓规整，生坑浅绿包浆，钱文楷书，旋读，笔法端庄。

直径约24.2毫米
穿宽约6.3毫米
厚约1.8毫米
重约3.9克

绍定通宝

南宋理宗赵昀绍定年间（1228—1233）铸。版式有小平、折二，铜、铁两铸。背均纪年，背“元”至背“六”。又有绍定元宝铜质当十钱和铁钱。

绍定通宝小平背“元”至背“六”

面、背均有内外廓，边廓宽，穿口细，南方生坑，浅白色包浆，钱文楷书，直读，端庄大气。

直径约24.1毫米
穿宽约6.5毫米
厚约1.3毫米
重约3.7克

| 绍定通宝折二背“元”至背“六” |

面、背均有内外廓，红斑绿锈，古铜色包浆，
钱文楷书，直读，苍劲有力。

直径约 29.5 毫米
穿宽约 7.2 毫米
厚约 1.7 毫米
重约 6.9 克

| 端平通宝——见证蒙宋战争开端的历史 |

南宋理宗赵昀端平年间（1234—1236）铸，有小平、折二、折三、折五、折十等版式，铜、铁两铸。背文纪年纪监。另有端平元宝、端平重宝。

宋理宗赵昀，宋太祖十世孙，山阴尉赵希瓐之子。宁宗原立赵询为太子，后赵询夭折，另立宗室子赵竑为太子。赵竑因与权臣史弥远不和，被史弥远废黜。史弥远从浙东访得赵昀，便将他接回临安，由宁宗收为养子，在宫中受教育，后封为沂王，立为太子。

宁宗于嘉定十七年（1224）闰八月病死。理宗赵昀于同月即位，第二年改年号为宝庆。理宗即位后，仍由史弥远专权，他自己只顾沉湎于酒色，享乐于后宫。绍定六年（1233）史弥远死后，他才亲政。端平元年（1234）正月，南宋联合蒙古攻灭了金国。又乘蒙古军主力北还之际，向蒙古军发起了进攻，几乎没有经过战斗就重新占领了原北宋的西京、东京、南京（今河南洛阳、开封、商丘）。不过很快就被蒙古军驱逐。端平二年（1235），蒙古大汗窝阔台决定南下征服宋朝，从此拉开了蒙宋战争的序幕。

| 端平通宝折五 |

内外廓规整，穿口方正，光背，钱本厚重，钱文苍劲有力，蔚蓝锈包浆，浑厚自然。

直径 36.8 毫米
穿宽 8.8 毫米
厚 2.9 毫米
重 13 克

| 端平元宝小平背“元” |

| 嘉熙通宝 |

南宋理宗赵昀嘉熙年间（1237—1240）铸。有小平、折二、折五、折十等版式，铜、铁两铸。背文均纪年纪监。共铸 4 年。另有嘉熙重宝。

| 嘉熙通宝小平背“元”至背“四” |

| 淳祐元宝背后的悲惨历史 |

南宋端平二年（1235），蒙古大汗窝阔台开始发动大规模侵宋战争，曾数次攻入四川境内，大肆烧杀掳掠，犹入无人之境，满载财物北归。四川几乎遍遭蒙古军铁蹄的蹂躏，社会经济遭到严重破坏。

淳祐元年（1241），窝阔台病死，蒙古内部发生汗位继承权的争斗，蒙宋战争暂时停息。

淳祐二年（1242），理宗诏命南宋著名军事家余玠出镇四川，全面主持四川的军政事务。余玠上任后慷慨承诺：10 年内携手全蜀归还朝廷。他莅任后，大力整顿弊政，屯田积粮，教练军旅，并广纳贤才，采纳冉琎、冉璞兄弟的建议，“择险、任人、积粟、驻兵、徙城”，迁合州（今重庆合川区）于钓鱼山，筑城建垒，建成军事重镇。后又陆续修建了10余座坚固的山城作为军事要塞，并将各州治移入山城，以应对蒙古军的侵犯。

淳祐十一年（1251），蒙古诸王推戴蒙哥为大汗，权柄归一。次年，蒙古军进入吐蕃，随后又攻灭大理，不到两年时间就完成了对南宋的包围。而这时理宗却听信谗言，自毁长城，罢免守蜀有功的余玠的官职，召其回朝。余玠迫于无奈，服毒自尽。此时蒙古军已经发动大规模入侵战争，南宋面临亡国灭种的灾难。

淳祐钱为南宋理宗赵昀淳祐年间（1241—1252）铸，有元宝、通宝两种。淳祐通宝的版式有小平、折二、折三，均为试铸性质，背决纹。

| 淳祐元宝小平背“元”至背“十二” |

铸量大，较多见，铸工一般。

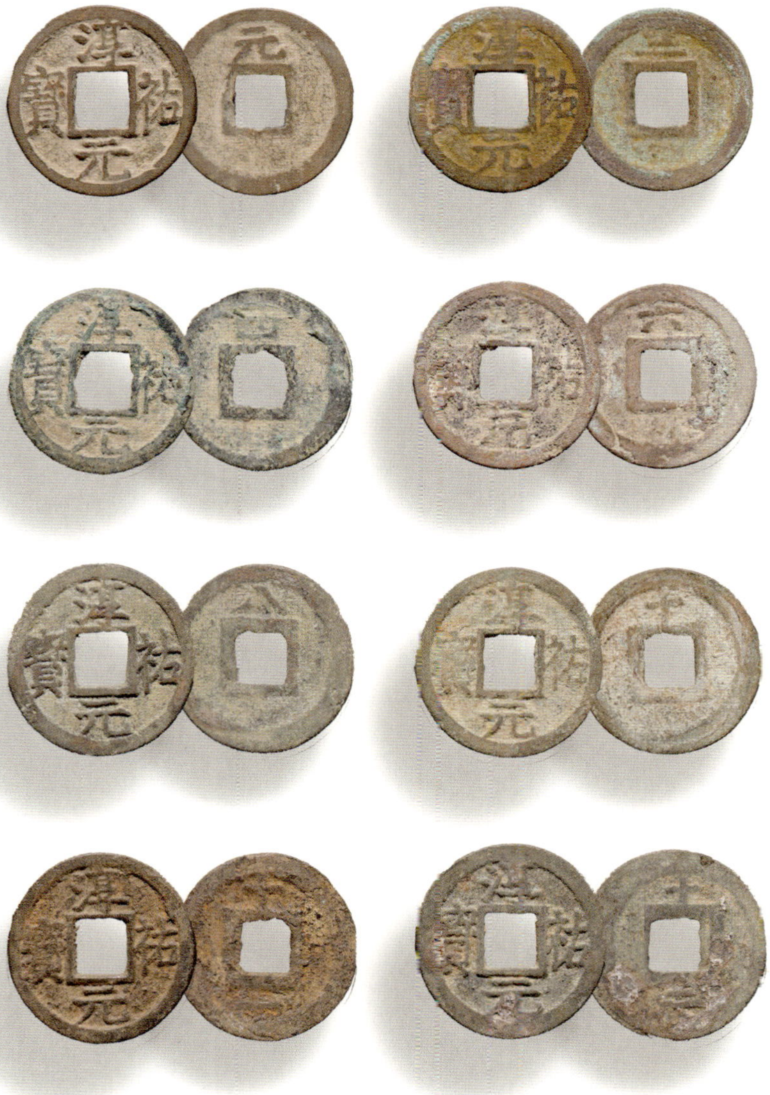

皇宋元宝——南宋最晚的国号钱

皇宋元宝为南宋理宗赵昀宝祐年间（1253—1258）铸，国号钱。有小平、折二两种，有阔缘、窄缘之分。钱文楷书，旋读，背文均纪年，为“元”至“六”。存世量大。

皇宋元宝背“元”至背“六”

开庆通宝小平背“元”

开庆通宝

南宋理宗赵昀开庆元年（1259）铸，年号钱。次年改元景定，故此钱币存世量较少。有小平、折二两种。背文均为“元”字。

景定元宝小平背“元”至背“四”

景定元宝

南宋理宗赵昀景定年间（1260—1264）铸。有小平、折二两种。背文为“元”或数字。

| 咸淳元宝——最后铸币的末世悲歌 |

南宋度宗赵禥咸淳年间（1265—1274）铸，版式有小平、折二两种，背文均为纪年，铸造不精。这是宋朝最后一种铸币。

赵禥是荣王的儿子，也就是理宗的侄子，景定五年（1264）即位，次年改年号为咸淳。据说赵禥之母是王府中的一个小妾，出身卑贱，发现怀孕后立刻被正房夫人逼迫服了打胎药。但是胎儿并没有被打下来，而是出生了。可是赵禥已中药毒，天生体弱，很晚才会走路，7 岁才会说话，智力也低于正常人。当时朝中贤臣吴潜反对让赵禥成为大宋天下的继承人，但赵禥是理宗近亲中唯一的男孩，而且理宗本人也是从皇室的民间远亲中选上来的，所以吴潜的反对引起了理宗的逆反心理。再加上权臣贾似道的谗言进谏，吴潜被贬去外地，就更没有人敢进言了。

为了提高赵禥的智商，理宗给赵禥安排了良师，精心调教，但仍然不能使他开窍，理宗常常因此气得发昏。赵禥即位后，没有能力治理朝政，且荒淫无度。通常一个精明能干的国君治理国家都是非常困难的，更何况在南宋末世却让一个低能儿掌管大局？结果只能是任由奸臣搅乱朝政，加速南宋的灭亡。而度宗自己也因酒色过度，于咸淳十年（1274）七月死于临安宫。

| 咸淳元宝 |

阜昌系列钱币——北宋的“汉奸钱”

南宋建炎二年（1128），金军南下，宋济南知府刘豫杀守将关胜降金。建炎四年（1130），刘豫成为金朝在中原扶植的傀儡皇帝，该政权史称“伪齐”，建都北京（今河北大名），后迁至汴京（今河南开封），统治中原和关陇地区，充当金朝的属邦。绍兴七年（1137），因岳飞使用反间计，金朝废伪齐，降刘豫为蜀王，伪齐存在不到 7 年时间。

伪齐的年号“阜昌”意为繁荣昌盛。阜昌系列钱币包括阜昌元宝小平、阜昌通宝折二、阜昌重宝折三，钱文楷、篆两体成对。

刘豫是个汉奸，因此其所铸阜昌系列钱币被称为“汉奸钱”。但这些钱币不仅书法精妙绝伦、清秀俊美，铸工也颇为精良，在中国钱币铸造史上不输王莽、宋徽宗等铸钱高手所铸钱币。篆书版比楷书版少见。

阜昌系列钱币因伪齐政权短暂、铸量少而珍稀。

| 阜昌元宝小平篆书、楷书（网络图片）|

钱文笔锋犀利，书法精绝，旋读，光背。

直径约 25.9 毫米
穿宽约 5.4 毫米
厚约 1.2 毫米
重约 3.4 克

| 阜昌通宝折二篆书、楷书（网络图片）|

钱文俊秀挺拔，直读，光背。在“阜昌”三体钱中，折二钱制作精细，秀美绝伦，品相极佳，存世最为稀少，很难求得。

直径约 29.9 毫米
穿宽约 6.1 毫米
厚约 1.8 毫米
重约 8.5 克

| 阜昌重宝折三篆书、楷书（网络图片）|

钱文深邃，特别是篆书，写得非常有特点，直读，光背。这是阜昌钱中面值最大的。

直径约 35.1 毫米
穿宽约 8.1 毫米
厚约 2.4 毫米
重约 12.5 克

| 阜昌系列钱币 |

阜昌系列钱币，每一次触摸都好像在与千年前的古人进行跨越时空的对话。

不可忽视的宋代铁钱

宋代钱币制度的一大特点是铜、铁并用。铁钱不仅使用时间长，流通范围广，而且种类繁多，制作精美，是我国货币史上不可忽视的一种铸币形式。

《宋史·食货志》记载，宋初朝廷就在四川设置了专铸铁钱的机构。因为铁价格便宜，容易得到，所以官方大量铸造铁钱。

北宋铁钱主要流通于川陕、河东，南宋铁钱则流通于川蜀一带，且规定铁钱不许出界，外面的铜钱也不许入境。

北宋的铁钱以徽宗时期的最为精美。“风流天子出崇观，铁画银钩字字端。闻道蜀中铜货少，任凭顽铁买江山。”宋徽宗以瘦金体出名，从存世的政和重宝、大观通宝等一系列铁钱上，我们仍然能欣赏到其风格独特的书法艺术。

铁的熔点比铜高，因此铸造铁钱的要求也高。宋代铁钱能铸造得如此精致，说明当时的冶铁技术已相当先进。宋代铁钱千古少有，属历代古钱币收集不可或缺的品种。

宋王朝在300多年中，先后受到西夏、女真和金的侵扰，连年战争，军费和赔款开支巨大。朝廷增加赋税，百姓负担沉重，同时政治日趋腐败，财政入不敷出，不得不大量铸造铁钱以缓解危机。但钱币贬值也相当严重。由于交通落后，各地区的铜、铁比价也随时调整。至南宋末年，战乱频仍，国势衰弱，物价上涨，货币贬值，铸铁钱已无利可图，遂停止铸造，直至宋亡。

至和重宝、圣宋元宝、政和重宝、庆历重宝、圣宋元宝（篆）、元祐通宝（篆）、大观通宝、崇宁重宝、崇宁通宝、宣和通宝、政和通宝、元丰通宝、绍圣元宝、宣和通宝背“陕”

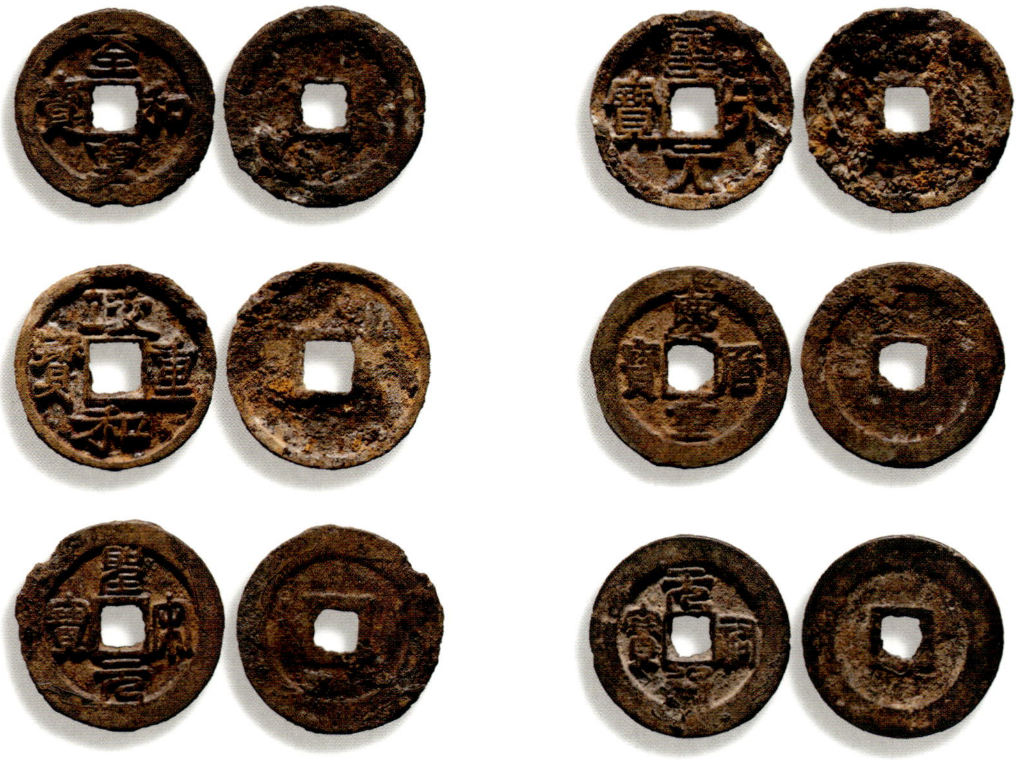

为什么说收集宋朝钱币最具趣味性

后周显德七年（960）正月，从北部边关传来辽国联合北汉将要大举入侵后周的军报。当时皇帝年幼，军政大权由赵匡胤掌控，主持朝政的符太后和宰相范质只得请赵匡胤统军出征，这就给赵匡胤乘机夺取后周最高军权（可任意调动全国兵马）提供了极好的机会。赵匡胤在大权尽握之后，很快就在众将领的拥护下黄袍加身，登上皇位当了皇帝。而且不费一兵一卒和太多周折，于朝夕之间完成了朝代更迭，实现了当开国皇帝的梦想。

赵匡胤从当上皇帝那天起，便对武将很是忌惮，生怕赵宋王朝也会出现像“陈桥兵变”那样的事情。出于对武将的防范，以及对五代十国历代皇帝被杀，皇位被篡夺的历史考量，他最终决定用“杯酒释兵权”的方式，处理了那些曾跟随他南征北战的功勋之臣。

之后，赵匡胤便设立了由文官掌权带兵的官制，从而使宋朝成为我国历史上文化最兴盛、经济最繁荣但武力却最孱弱的朝代。在这种情况下，宋朝帝王虽然多数在政治、民生方面有所建树，但在对外的国防上却大都采取以岁币求和平的方式。即便出现了岳飞这样数百年难遇的武将，宋廷最终也以“莫须有”的罪名将其处死，以防“陈桥兵变”这类事情再度发生。

宋王朝，盛也文化，衰也文化。虽然宋王朝因武力羸弱而受到外敌的凌辱，但其对中华文化的贡献却是其他任何朝代都无法比拟的。在宋王朝无形而又强大的文化基因下，赵宋的皇帝大多以文艺爱好者自居，练得一手好书法，其中还出了历代皇帝中最懂艺术且艺术造诣极高的君王——宋徽宗赵佶。自宋太宗赵光义时期始，赵家天下出现了历代唯一的“御书钱”。方寸大小、流通千家万户、不论身份贵贱的人均可过手的钱币，其钱文竟是由当朝最有地位和权力的人书写的，集书法艺术与钱币文化之大成。这本身就是一大创举，折射出宋王朝一贯秉承的重文轻武的思想，也为钱币收藏、交流、学习、观赏增加了趣味性。

纵观中华三千年货币历史，宋朝的钱文宝制最丰富，究其原因，与宋朝繁盛的经济文化有很大关联。宋文化有宋词，有影响深远的宋明理学，有海上丝绸之路，有《清明上河图》所描绘的繁荣商业等。有了这样的基础，民间就对钱币有旺盛的需求。但是宋朝的铜资源有限，加之当时白银尚未成为普遍流通的贵金属，所以就出现了铜钱难以适应商业繁荣和难以满足民间需求的“钱荒”问题。

面对这些问题，宋朝便开始了铸币方面的创新：

一是铸造铁钱，因为铁资源较铜资源要丰富；

二是在四川地区尝试发行纸币，即全世界最早发行的纸币——交子。

虽然宋朝文化、经济空前繁荣，但是过于重视文治的宋朝一直是单腿走路的“软骨”巨人，在其繁荣的表象下，隐藏着官府冗员、军队冗兵、国防能力低下等诸多问题。在这些问题的困扰下，宋朝在面对北方的辽、金、西夏，甚至后来的蒙元军队时，就一直处于一种以金钱求和平的状态。

后来，随着蒙古军的强大，偏安一隅的南宋王朝成了砧板上的鱼肉，任由蒙古人宰割。而那些平日里舞文弄墨、粉饰太平的所谓有气节的士大夫，只得带着他们满腹的经纶，在崖山战役后追随着他们的皇帝跳海殉国。在蒙古人用弯刀统一天下后，文人士大夫的世界没落了，他们的气节被武人的金戈长刀一刀一刀削去，中国文人身上最可贵的那一部分就消失殆尽了。

| 保宁通宝 |

辽是我国北方契丹族建立的政权，同北宋、西夏三足鼎立。契丹族在经济上长期处于自给自足的封闭状态，虽然辽代各朝均铸钱币，但因流通区域小，数量不多，存世量均稀少。

保宁通宝是辽景宗耶律贤保宁年间（969—978）铸，仅有小平钱，版别较多，有大字、小字、宽缘、细缘、狭穿、广穿、背月纹等区别。钱文为汉字，书体隶兼八分，旋读，浑厚朴拙，古意盎然，具有独特的民族风格，可以说影响了整个辽代的钱风，素有“七扭八拐，拙劣粗糙”之称。因其冶铸技术落后，所铸大多数钱币都钱文粗糙，背多移范。铸量极少，罕见，为古泉五十名珍之一。

| 保宁通宝小平（网络图片）

面、背内外廓较细，底章欠平整，锈片薄，浅绿色，露铜处呈黑漆古包浆。钱文有隶书风格，旋读，字体笨拙，笔画不清晰。

直径 24.5 毫米
穿宽 5.4 毫米
厚 1.4 毫米
重 3.9 克

| 统和元宝 |

辽圣宗耶律隆绪统和年间（983—1012）铸，仅有小平钱，有小字版、大字广穿版、背星月纹版。因铸造技术落后，所铸大多数钱币比较粗糙。铸期短，数量少，流通区域小，存世量极少。

| 统和元宝小平 |

面、背均有内外廓，欠工整，红斑绿锈与钱体结合紧密，入骨自然。钱文旋读，隶书，苍劲有力。

直径 25.3 毫米
穿宽 7 毫米
厚 1.9 毫米
重 4 克

泰和重宝

金朝第六位皇帝金章宗完颜璟泰和四年（1204）铸，折十，钱文篆书。金人占领中原后，虽有自己的文字，但受汉文化的影响，说汉语，穿汉服，用汉文，汉化程度有了很大的提升。加上金宋之间贸易频繁，所以金朝所铸钱币上基本是汉文。

泰和重宝铜质精良，体大浑厚，钱文为玉箸篆，由文学家、书法家党怀英书写，字口深峻，篆法精美，浑厚端庄，精纯典雅，美不胜收。“泰和”寓意祥和、吉利、安泰、和顺，有国泰民安的意味，饱含着人们美好的祝福。

泰和重宝折十

钱文篆书，直读，面、背内外廓窄而深峻，穿口方正挺拔，底章平整光滑，光背无文。有大、小及阔缘、窄缘等多种版别。另有合背钱及厌胜钱。传世较多，深受收藏家喜爱。

直径 45 ~ 52 毫米
穿宽 13.4 毫米
厚 4.6 毫米
重 20.9 克

辽代“上八品”和“下八品”钱币

辽代钱币分为“上八品”和“下八品”。“上八品”是辽代早期所铸的钱币，因受五代和北宋钱币的影响，多是小平钱，铸量少，较粗糙。钱文多为汉文，隶书，没有对钱。

辽代“上八品”包括天赞通宝、天显通宝、会同通宝、天禄通宝、应历通宝、保宁通宝、统和通宝、景福通宝，均非常稀罕。

辽代“下八品”包括重熙通宝、咸雍通宝、清宁通宝、大康通（元）宝、大安元宝、寿昌元宝、天庆元宝、乾统元宝。其中乾统元宝的“乾”字作“乹”，与小平钱上的写法类同，楷书，旋读，书体较拙，是比较稀少的古钱币。

重熙通宝

直径 24 毫米
穿宽 5.4 毫米
厚 1.1 毫米
重 3.3 克

咸雍通宝

直径 23.7 毫米
穿宽 7 毫米
厚 1.5 毫米
重 4.2 克

| 清宁通宝 |

直径 24.2 毫米
穿宽 6.2 毫米
厚 1.1 毫米
重 3.6 克

| 大康通宝 |

直径 23.7 毫米
穿宽 5.3 毫米
厚 1.6 毫米
重 3.1 克

| 大安元宝 |

直径 24.1 毫米
穿宽 6.1 毫米
厚 1.2 毫米
重 3.6 克

| 寿昌元宝 |

直径 23.1 毫米
穿宽 5.4 毫米
厚 1.5 毫米
重 3.8 克

| 天庆元宝 |

直径 23.3 毫米
穿宽 6.1 毫米
厚 1.1 毫米
重 2.2 克

| 乾统元宝 |

直径 24.2 毫米
穿宽 5.5 毫米
厚 1.1 毫米
重 3.4 克

| 助国元宝 |

过去人们认为助国元宝是五代后晋所铸，但根据近年出土情况，人们认定其当属辽代铸钱。文字较一般辽钱工整，狭穿。

| 助国元宝小平 |

钱文隶书，旋读，字体端正，光背无文，锈色深绿泛蓝。助国元宝作为辽代铸钱的一个独创品种，对契丹族与周边国家后世铸造钱币影响深远。存世稀少。

直径 23 毫米
穿宽 5.3 毫米
厚 1.2 毫米
重 2 克

正隆元宝

金海陵王完颜亮正隆二年（1157）铸，为金建国后所铸的第一钱。

北宋末年，完颜部首领完颜阿骨打统一女真族各部，于公元1115年建立金政权。金政权有10个皇帝，其中铸钱者有6人。钱文皆为汉字。曾铸大钱与铁钱。

金代流通的货币变化较大，先是铜钱，继而是宝钞。金代末年，通货膨胀恶性发展，民间以白银交易，故金后期铸量减少，所铸钱币存世皆罕。

正隆元宝背旋文

仿北宋大观通宝小平制作。面、背边廓及穿口规整，铜质精良，钱文笔画规整有力，字口深峻。很少有流铜现象。根据“正”字末笔是否出头分为两种，出头者（称“五笔正隆”）稀少。

直径25.5毫米
穿宽5.6毫米
厚1.5毫米
重4.1克

西夏党项族留下的钱币珍宝

西夏钱币是我国古币的组成部分，以铸造精良、钱文独特、史无记载和传世稀少著称。研究西夏钱币，对于发展我国钱币学和丰富我国钱币文化具有重要的意义。

公元1038年至1227年，在我国西北地区存在着一个以党项族为主体的多民族封建王朝，其兴盛时统治疆域“东尽黄河，西至玉门，南接萧关，北控大漠”，包括今天的宁夏、陕西北部、甘肃西北部、青海东北部和内蒙古一部分，共22个州。都城为兴庆府，即今宁夏回族自治区首府银川市，历经10帝，享国189年，自称大夏国。因其位于宋、辽、金以西，史称“西夏”。

西夏王朝的党项族是我国古代少数民族羌族的一支，因此也称“党项羌”。党项族原来散居于青海省西南和四川省松潘以西的广阔地带，以姓氏为部落，大者万余骑，小者数千骑，不相统一，过着逐水草、无定居的游牧生活。后受吐蕃侵扰，请求归附中原王朝。自隋文帝开皇六年（586），被陆续迁移到甘肃省以东和陕西省北部地区。内迁后的党项人，在汉族先进文化和先进生产力的影响下，凭借优越的自然条件和中原王朝的特殊照顾，人口和经济得到了很大发展。

五代十国时期，中原大乱，群雄逐鹿，党项拓跋部也乘机扩大地盘，设置官吏，征收税赋，成为雄踞西北的一个拥有较强武装力量的政权。大宋王朝建立后，无力对其用兵，采取了赐赵姓、封官爵、给岁赐的安抚办法。党项拓跋部名义上臣属于宋，实为割据一方的霸主，此时开始自铸钱币，钱文有“通宝”“元宝”“重宝”之称，材质有铜、铁之别，版式有小平、折二两种。到了后期，又出现了光定元宝楷书和篆书对钱。西夏钱币最大的特点是，不仅有汉文钱，还有西夏文钱。

西夏末年，新兴的蒙古族以强大的蒙古铁骑多次进攻西夏，占城夺地，烧杀抢掠。《嘉靖宁夏新志·拓跋夏考证》中记载了蒙古灭夏的情景："蒙古军攻占夏城邑，其民穿凿土石以避锋镝，免者百无一二，白骨蔽野。"在战争残酷的刀光剑影中，西夏人民的生命财产受到重大伤害，典籍、文物损失殆尽。宝义二年（1227），西夏被蒙古军所灭。

后来元人建史，独缺西夏王朝和独具特色的党项民族文化。从此，西夏在我国浩瀚的史籍中消失了，数百年成了一片空白。直到清代乾嘉年间和民国时期，一些学者才搜遗辑佚，从史料中整理出西夏史料，编撰出数种西夏专史，才使人们对西夏历史有了概略的了解。

西夏王朝自李元昊始，传世十主。作为政权国家的象征和出于社会的实际需要，其中7位皇帝铸造了本朝的钱币，但数量较少。根据近200年的资料记载，已发现西夏铸币20多万枚，其中铜钱近2万枚，铁钱十八九万枚，计有15个种类100多个版别。这些钱币，部分由国家和地方博物馆、文化馆收藏，还有相当多的部分在钱币收藏家和爱好者手中。

对西夏钱币，人们从发现到认识，经历了700多年的漫长岁月。西夏文的钱币（称为"宝钱"）已经发现5种，分别是福圣宝钱、大安宝钱、贞观宝钱、乾祐宝钱和天庆宝钱。正面为西夏文，光背无文，均为小平铜钱，非常少见，属珍稀古钱币。

汉文的西夏钱币已发现8种，钱文均为楷书年号，分别是"大安""大德""元德""天盛""乾祐""天庆""皇建""光定"。在这些钱币中，除了元德重宝为折二钱，其余都是小平钱。西夏钱币受北宋铸币的影响，均为年号钱，铸造奇特精美，书法俊逸流畅。

| 福圣宝钱 |

西夏毅宗赵谅祚福圣承道年间（1053—1056）铸。自西夏第二帝毅宗起，历惠宗、崇宗而至仁宗，铸造数量极少，为收藏家所珍爱。

| 福圣宝钱小平 |

青铜质，钱文旋读，光背无文。字体歪斜、不规整，有粘连。面、背均有内外廓。边廓较浅，不周正。背廓及穿口不整齐，极浅。

直径25.3毫米
穿宽5.1毫米
厚1.8毫米
重4.5克

大安宝钱

西夏惠宗赵秉常大安年间（1074—1084）铸，钱文为西夏文，有小平、折二两种。

大安宝钱小平

青铜质，面、背均有内外廓，内廓欠工整，背廓浅平。钱文较福圣宝钱精细，旋读，光背。古铜色包浆，浅绿锈，温润自然。较为稀少。

直径 24.6 毫米
穿宽 6.3 毫米
厚 1.1 毫米
重 3.4 克

乾祐宝钱

西夏仁宗赵仁孝乾祐年间（1170—1193）铸，钱文为西夏文。多出土于甘肃武威、宁夏贺兰山一带。

乾祐宝钱小平

青铜质，面、背内外廓规整，浅平，钱文繁复，平直规整，字口较浅，光背无文。生坑绿锈中透出蓝铜锈，自然古朴。属西夏钱中之上品，传世少。

直径 24.8 毫米
穿宽 5.2 毫米
厚 1.5 毫米
重 3.3 克

| 乾祐元宝 |

西夏仁宗赵仁孝乾祐年间（1170—1193）铸，钱文为汉文。制作精良，品相佳妙，数量稀少。另有铁钱，数量多，多出土于宁夏、内蒙古等地。

| 乾祐元宝小平 |

青铜质，内外边廓窄而深峻，生坑锈色深绿，厚实。
钱文楷书，旋读，字体规整，深峻秀丽。光背无文。

直径 24.6 毫米
穿宽 5.2 毫米
厚 1.6 毫米
重 3.9 克

| 天庆宝钱 |

西夏桓宗赵纯祐天庆年间（1194—1205）铸，铜质，钱文为西夏文。铸造精良，是西夏诸钱中最精美的，铸量较少。

| 天庆宝钱小平 |

青铜质，面、背内外廓规整，浅平，熟坑薄铜锈，自然古朴。
钱文笔画复杂清晰。光背无文。传世少。

直径 24 毫米
穿宽 5.2 毫米
厚 1.3 毫米
重 3.8 克

天庆元宝

西夏桓宗赵纯祐天庆年间（1194—1205）铸。该钱的形制、钱文书体与西夏元德、天盛、乾祐及皇建等钱相同，比辽天庆元宝精致，数量少于辽天庆元宝。

天庆元宝小平

青铜质，边廓略宽，光背较浅，穿口规整，生坑绿锈均匀，较薄。钱文楷书，旋读，深峻挺拔。底章平整。

直径 24.5 毫米
穿宽 5.4 毫米
厚 1.7 毫米
重 4.5 克

元德通宝

自西夏崇宗元德年间（1119—1126）开始，一改过去只铸西夏文小平钱的情况，用汉文铸造元德通宝、元德重宝。这两种钱虽然铸量极少，但开启了西夏后期铸行汉文钱的先例。

西夏所铸元德年号钱有两种币值，形制上有小平、折二之分，钱文上有“通宝”“重宝”之别。

元德通宝小平

边廓略宽，光背较浅，穿口细，生坑薄绿锈，露铜色，古朴润滑。钱文隶书，直读，浑厚有力，极为美观。

直径 24.8 毫米
穿宽 5.9 毫米
厚 1 毫米
重 3 克

| 皇建元宝 |

西夏襄宗赵安全皇建年间（1210—1211）铸，铜色纯赤，制作精湛。

| 皇建元宝小平 |

钱文楷书，旋读，字体端庄秀丽，苍劲有力，笔锋明显，边廓深峻，熟坑古铜色包浆，均匀自然，光背无文，铸量大，传世多。

直径 25.3 毫米
穿宽 5.3 毫米
厚 1.6 毫米
重 4.9 克

| 光定元宝 |

西夏神宗赵遵顼光定年间（1211—1223）铸，小平钱，传世数量颇多。

| 光定元宝小平楷书 |

钱文俊逸潇洒，微含行书气韵。铜赤而纯，制作精湛，边廓深峻优美。

直径 25.2 毫米
穿宽 5.1 毫米
厚 1.2 毫米
重 3.6 克

| 光定元宝小平篆书（网络图片）|

生坑薄锈，钱文旋读，笔势如悬针篆，俊逸秀丽，庄重高雅。非常稀有。

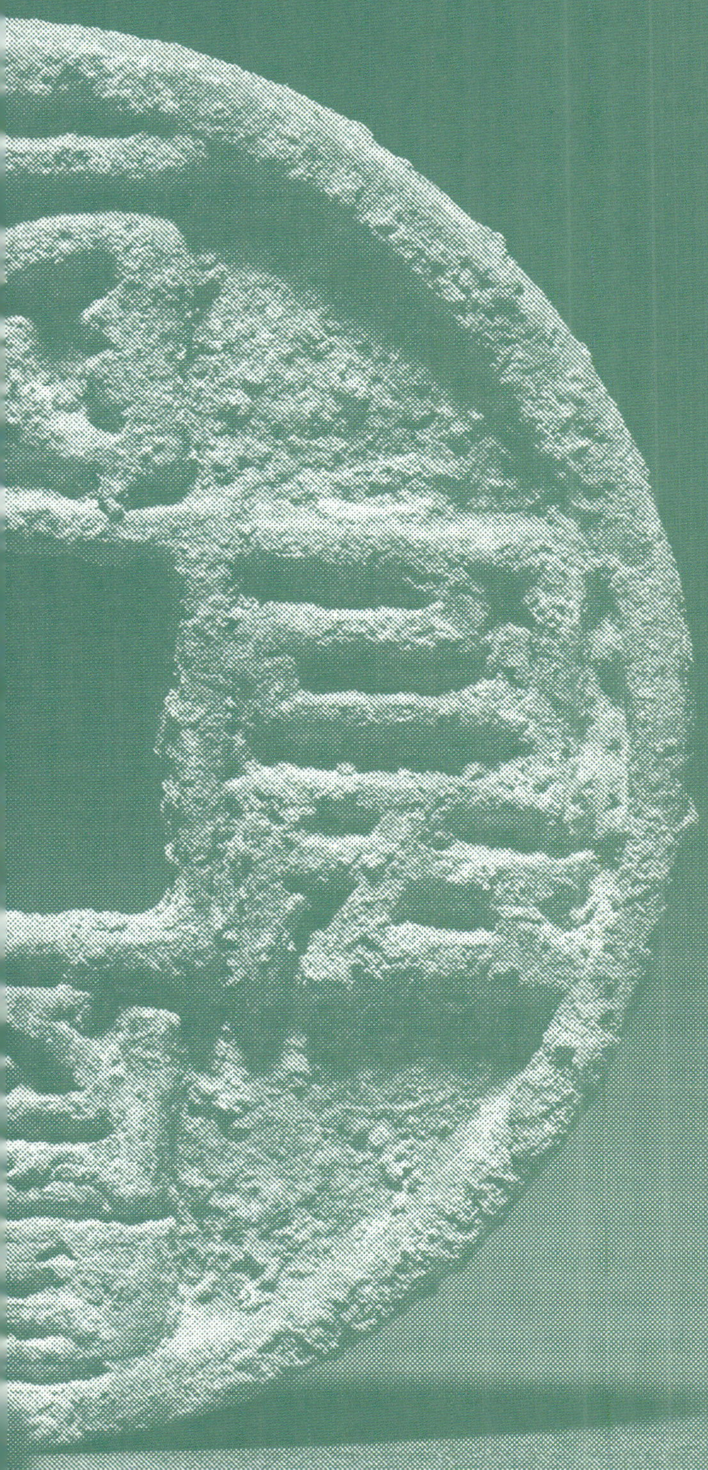

第五章

金戈铁马，华夏一统

——元、明、清（1271—1911）钱币

至大通宝

元武宗至大三年（1310）铸。钱文楷书，直读，有小平、折二、折三等，铸工精良，有背云纹、星月纹。折二钱稀见。

至大通宝小平
"大"字下面加点，稀少。

直径 34 毫米
穿宽 7.2 毫米
厚 1.5 毫米
重 3.8 克

大元通宝

元武宗至大二年（1309）铸，非年号钱。此币是元代铸造的最好、最出名的钱币之一。有汉文和蒙古文两种钱文，版别繁多，大小、薄厚不均匀。发行量大，传世多。

大元通宝当十（八思巴文）
风格独特，古朴豪放，面、背内外廓窄而深峻挺拔，钱文直读，字体方正，笔画粗壮浑厚，底章平整，光背无文。

直径 41.8 毫米
穿宽 10.1 毫米
厚 3.8 毫米
重 23.7 克

| 元代最后的年号钱——至正之宝 |

至正是元顺帝的第三个年号，也是最后一个年号。

元顺帝至正年间（1341—1368）铸至正之宝 ，钱文楷书，直读。背穿上“吉”字系指江西吉安道监制；穿左“权钞”二字可作“银钞”解；穿右“壹钱”为币值纪重，用以代表交钞与纸币并行。共有“五分”“壹钱”“壹钱五分”“贰钱五分”及“伍钱”5种。纪重币值越大，则钱径越大，钱体越厚重。

| 至正之宝背“吉”壹钱 |

面、背内外廓窄而挺拔，穿口方正，钱径大，钱仫厚重，面、背钱文端美俊朗，字仫周正，笔锋犀利，章法华美，是元代晚期美制铜钱的代表之一，遗存不丰。

直径 49.9 毫米
穿宽 10 毫米
厚 2.4 毫米
重 24.1 克

| 至正通宝折十背“亥、点十” |

至正通宝折十背“亥、点十”版别特别多。至正年间的铸币工艺为什么很复杂？是因为元末军费开支巨大，纸币贬值十分严重，经济已经濒临崩溃，所以元政府企图通过铸造质差的虚值大钱来挽救江河日下的败局。

| 至正通宝折十背“亥、点十” |

背穿上有蒙文“亥”，穿下有加点的汉文“十”。青铜质，铸工欠精，包浆醇厚，紧实老到，铜色熟旧温润，自然天成。

直径 45.6 毫米
穿宽 9.3 毫米
厚 3.7 毫米
重 32.6 克

至正通宝背“辰”

至正通宝背“辰”

面文周正，苍劲有力，背八思巴文“辰”，熟坑露铜，暗红包浆，古朴自然。

直径 33.3 毫米
穿宽 7 毫米
厚 1.9 毫米
重 9.8 克

元顺帝至正年间（1341—1368）铸。至正是元代最后一个年号，所以说这种钱币是元代钱币的绝唱。

元末农民起义军铸钱史

元朝末年，受蒙古统治者的残酷压迫，加之天灾不断，百姓处于水深火热之中。许多不满于压迫的百姓揭竿而起，爆发了大规模的农民起义，形成了群雄割据的社会动荡局面。农民起义首领纷纷称王，鼓铸发行自己的货币，出现了中国历史上绝无仅有的多种农民起义军货币同时出现的局面。

张士诚占据高邮一带，国号大周，年号天祐，铸天佑通宝。

韩林儿割据安徽亳州一带，国号宋，年号龙凤，铸龙凤通宝。

徐寿辉割据湖北一带，国号天完，年号治平，后改元天启，当年铸天启通宝，又改元天定，铸天定通宝。

朱元璋占据南京，自称吴王，铸大中通宝。

在徐寿辉一派势力中，陈友谅崛起壮大得很快，控制了天完政权，自称汉王后索性杀了对其构成很大威胁的首领徐寿辉，自立为帝，改国号为汉，年号大义，铸大义通宝。

元末各派农民起义军势力所铸的钱币，大多铸工精良，钱文优美。但由于铸期短，流通范围小，发行数量有限，再加上后来明政府收缴销毁，上述钱币流传至今的已经十分稀少，尤其珍贵。

| 元末农民起义军所铸钱币 |

天佑通宝

元末起义军领袖张士诚铸币，有小平、折二、折三和折五等四种。楷书，直读，无光背钱。其中小平钱背铭“一”字，折二铭“贰”字，折三铭“叁”字，折五铭“五”字。因行用时间短，流通区域狭小，存世量极少。

张士诚出生于公元 1321 年，江苏泰州人，最初以贩盐为生，比较有钱。当时元朝政府不容许私盐买卖，张士诚贩卖私盐的朋友很多都被元朝政府处死了。为了生存，张士诚于至正十三年(1353)在台州起义。他因素有侠义之心，所以在当地颇有名望，被推举为起义军首领。随着起义军不断发展壮大，至正十四年（1354），张士诚在高邮建立大周政权，自称诚王，后定都平江（今江苏苏州）。公元 1367 年，朱元璋发兵攻破平江，张士诚被俘至应天府（今江苏南京）缢死。

天佑通宝折三背“叁”

在古汉语中，“祐”与“佑”通，有上天保佑之义。钱文楷书，文字秀丽，直读。铜质赤褐，制作精良，是仿当时至正通宝所制，并可与之媲美。主要流通于浙西及淮、扬、苏、常等地，流通范围很窄，加之后来被朱元璋收缴销毁，传世极为稀少。

直径 34.3 毫米
穿宽 9.1 毫米
厚 2.5 毫米
重 10.1 克

天启通宝

说起中国钱币历史上的天启通宝，很多钱币爱好者首先想到的是明熹宗天启元年（1621）铸造的天启通宝。可能很多人不知道，在公元 1358 年（天完政权天启元年），元末起义军首领徐寿辉也曾铸造天启通宝，史称“徐天启”。

徐寿辉(1320—1360)，元末起义军首领。他本来以卖布为生，身材魁梧，为人正直，见义勇为，在百姓中有很高的威信。至正十一年（1351）八月，他响应白莲教起义，在湖北蕲水被拥立为帝，国号天完。徐寿辉曾拥兵百万，纵横大江南北，对后来朱元璋推翻元朝统治，建立大明王朝，推动历史向前发展起到了不可估量的作用。至正二十年（1360）被部将陈友谅杀死于采石矶。

天启通宝折二（网络图片）

币面红斑绿锈，品相开门见山，为同类钱币中之佼佼者。铸造规整，文字清晰劲拔，书法俊秀有力，瘦金体特点较重，显然受宋钱大观通宝和崇宁通宝的影响较大，属经典老干坑品。因铸造、流通仅八个月，且大多被元朝政府销毁，历经数百年而保存至今者极为罕见。其中折二楷书者数量稀少。篆书者更是泉界名珍，目前仅见几枚，是古泉五十名珍之一，具有很高的收藏研究价值。

直径 34.3 毫米
穿宽 8.1 毫米
厚 2.5 毫米
重 10.1 克

| 天定通宝 |

徐寿辉迁都江州（今江西九江），改元天定年间（1359—1360）铸，版式有折三、折二和小平，素有“精天定，滥大义”之称。

| 天定通宝折三 |
钱文直读，光背无文，书法俊秀，钱文同“徐天启”如出一手，风格相似，制作精整，系起义军钱币中流传较多的一种。

直径 33.1 毫米
穿宽 7 毫米
厚 2.6 毫米
重 11 克

| 龙凤通宝 |

元至正十五年（1355），韩林儿在红巾军领袖刘福通的扶持下称帝，称为小明王，以亳州（今安徽亳州）为都，国号宋，年号龙凤，铸龙凤通宝。

韩林儿本是盗贼起家，胸无大志，听命于刘福通，只是一个傀儡，徒有虚名。后又被朱元璋安置于滁州。龙凤十二年（1366），朱元璋命廖永忠迎韩林儿回应天府（今江苏南京）。船行到瓜步时，韩林儿因船翻沉入江中而死。其实说白了，就是朱元璋让他死而已。

| 龙凤通宝折三 |
钱文楷书，直读。“龙”字末笔短缺，“凤”字下有一小点，字体端庄优美，光背无文，钱体浑朴。另有小平、折二钱。三种钱均是元末群雄铸币中的珍罕品种。

直径 34.3 毫米
穿宽 7.5 毫米
厚 2.1 毫米
重 10.1 克

大义通宝

大义通宝折三
面、背内外廓挺拔，钱文楷书，直读，笔画豪放苍劲，翠绿锈，露铜包浆，古朴温润，存世较少。

直径 30.8 毫米
穿宽 7 毫米
厚 2.5 毫米
重 9.7 克

元至正二十年（1360），元末起义军将领陈友谅在湖北武昌称帝，国号汉，改元大义，铸大义通宝。大义通宝有小平、折二、折三三种版式。

这里我们不得不说一下陈友谅这个狠人。他能带兵，胆子大，有智谋，但心狠手辣。本来他属于徐寿辉的部下，但他先后除掉了徐身边的赵普胜等一帮亲信兄弟，又迫使其他兄弟如丁普郎和傅友德等投靠了朱元璋。之后，又对已成孤家寡人的徐寿辉痛下杀手。这样一个弑君杀友的人，却定年号为大义，还铸造大义通宝，真是莫大的讽刺。

大中通宝

大中通宝小平
钱文直读，钱体轻小，红斑绿锈。

直径 23 毫米
穿宽 5 毫米
厚 1.7 毫米
重 3.7 克

明太祖朱元璋龙凤十年（1364）在应天府称吴王，设置宝源局，始铸大中通宝。有小平、折二、折三、折五、折十等。几种钱均有光背、背文纪值、背文纪地多种。背文纪地有“北平”“豫”“济”“京”“浙”“福”“鄂”“广”“桂”等 9 种。增铸有背“当十”大钱。

| 洪武通宝 |

元至正二十八年（1368），朱元璋在击破各路农民起义军后控制了江南全境，于应天府称帝，国号明，年号洪武。

明朝的年号制定程序，通常是先由翰林儒臣拟订几个备选方案，而后呈奏新君，新君从中选择其一作为正式的年号。唯独“洪武”例外，它是由朱元璋本人亲自创制的。历代开国初期往往兵事最盛，“洪武”的含义是彰显洪大武功，显示武事之威，突现豪杰之气。

1398 年朱元璋驾崩，其孙朱允炆即位，次年改元建文。建文四年（1402），通过内战推翻侄子而上位的明成祖朱棣废除建文年号，复称洪武三十五年，一年后改元永乐。

洪武通宝有当十、当五、当三、当二、当一。当十钱背纪重“十一两”，余递减至一钱。钱文楷书，直读。

| 洪武通宝当十背“十一两” |

钱体厚重，钱文直读，挺拔厚重，锈色翠绿红斑，均匀润泽入骨。

直径 45.8 毫米
穿宽 9.3 毫米
厚 4.4 毫米
重 36.9 克

| 洪武通宝小平背纪局“北平”“浙” |

| 洪武通宝背纪重“二钱”“五钱” |

| 洪武通宝当三、当二、小平系列 |

洪武通寶

大明通行宝钞——历史上的昙花一现

明洪武八年（1375），中书省印制面额一百文至一贯（一贯等于铜钱一千文或白银一两，四贯合黄金一两）共6种大明通行宝钞。

大明通行宝钞是我国也是世界上迄今票幅面积最大的纸币，票幅面积为338毫米×220毫米。因保存难、易损毁，故存世极少。

1. 明代270多年仅发行一种大明通行宝钞，而且印制权和发行权始终集中于中央政府。这种统一性是前朝不曾有的。

2. 不兑现，不分界，不限流通地区和时间，不规定发行限额，没有发行准备金，不改币名和形式，币制始终如一。

3. 后期操作有漏洞。洪武九年（1376），明政府曾定《倒钞法》，在各地设行用库，收换昏烂钞。洪武十三年（1380），又规定了调换昏烂钞的界限，凡票面金额、文字可以辨认的仍继续使用，不许对用旧钞买货者提价。但实际上，政府收税只收新钞，而民间用旧钞购物时，则降价使用或拒绝使用，这就形成了新旧钞的价格差别，结果造成了后来的通货膨胀。

4. 强推大明钞法，采取只出不进的政策，即只投放纸钞，不回笼或是少回笼。政府用纸钞支付俸禄、军饷，而向民间征收税赋时，却只收金银财宝，或只许搭收少量新钞，或干脆不收纸钞。这种做法充分暴露了大明钞法的剥削本质。

明代为了推行纸钞，曾实行“户口钞盐法”和“门摊税”，强制商人和普通百姓用钞，但收效不大。由于大明通行宝钞在发行流通过程中不断贬值，虽然从成祖到宣宗的二三十年间，曾采用强制措施来维护宝钞的购买力，但也未能挡住它退出历史舞台的脚步。到弘治年间（1488—1505），大明通行宝钞在商品货币经济中已无意义，民间只用银和钱进行交易。至明中叶以后，宝钞终于彻底退出了历史舞台。

大明通行宝钞（正面）

| 大明通行宝钞（背面）|

永乐通宝——明朝的外汇货币

明成祖永乐六年（1408）铸，年号钱。明朱棣即位后，在政治、经济、文化、军事、外交等方面都进行了重大改革，取消了闭关政策，坚持对外开放。郑和下西洋，每次船队都有200多艘船、2.7万多人，船上满载丝绸、瓷器、金银宝货和大量的永乐通宝，在西洋、南洋的许多国家流通使用。

据《瀛涯胜览》记载："爪哇国通用中国历代铜钱，旧港国亦使用中国铜钱，锡兰国尤喜中国铜钱，每将珠宝换易。"有些国家还专门大量输入中国铜钱，如邻国日本就输入了许多明钱，其中以洪武钱和永乐钱最多。

永乐通宝小平

钱文楷书，直读，书法绝伦，铸工精湛，是中国货币史上的精美货币之一。

直径24.9毫米
穿宽5.2毫米
厚1.7毫米
重3.8克

宣德通宝

明宣宗宣德八年（1433）铸，年号钱。铸量少于永乐通宝，版式统一，只有小平钱。钱文楷书，制作精整，少见质量低劣者，存世不多。偶有"德"字省去一横的，称作"省一宣德"，少见，价格颇高。

宣德通宝小平

钱文楷书，直读，书法规整，干坑锈色泛白。

直径25毫米
穿宽4.6毫米
厚1.3毫米
重3.9克

弘治通宝与明宪宗的隐私

明孝宗弘治十六年（1503），因纸币政策崩溃，宝钞的信用无法挽回，于是两京十三省钱局开铸弘治通宝年号钱。版式为小平，光背。铸期不足4年，传世甚少。

说到弘治通宝，要先讲讲孝宗的父亲宪宗。在明代诸多皇帝中，唯宪宗一生只喜欢一个女人——比他大17岁的万贵妃。两人成婚的时候，万贵妃已经30多岁，而宪宗才刚成年。

时光流逝，后来宪宗突然发现自己已生华发，但膝下仍无一男半女，不禁悲叹不已。这是因为万贵妃骄横跋扈，一见皇帝有子嗣，便想办法将孩子弄死。而万贵妃生一子夭折后便无法再生育了，如此一来，皇帝不免膝下荒凉。皇帝身边的太监道出一个惊天秘密：“皇上，您有儿子呢！”他声泪俱下地说：“皇上，您可记得有一日您闲来无事在紫禁城里游玩，遇见一个纪姓宫女，她生得十分美艳可人，您就临幸了她。可春宵过后您便把这事丢在一边了。不久纪氏生下一个男婴，万贵妃得知后要除掉他，但宫中上下都对万贵妃十分痛恨，便都自觉为您保护这个唯一的儿子。”其中各种舍生忘死以及舍己为人不便细说，最后那个小皇子顺利即位，成为大明历史上最好的皇帝——他就是孝宗朱祐樘，18 岁登基，在位 18 年。弘治十六年（1503），皇帝下诏铸行弘治通宝，此时大明已经有 70 年未铸新钱。而弘治十八年（1505）皇帝就驾崩了，因此弘治通宝铸期较短，存世不多。

| 弘治通宝小平 |

钱文楷书，直读，书法规整，古铜锈色。

直径 25 毫米
穿宽 5.2 毫米
厚 1.2 毫米
重 3.3 克

| 万历通宝 |

明神宗朱翊钧万历年间（1573—1620）铸，年号钱。神宗在位 48 年，乃明朝在位时间最长的皇帝，所以万历钱铸量较大。版式有小平、折二，有光背和背文字或纹饰者。

万历通宝小平 |

钱文楷书，直读，铜质较粗，书法端庄，锈色凝重。

直径 24 毫米
穿宽 5.7 毫米
厚 1.3 毫米
重 4.1 克

天启通宝

明熹宗天启元年（1621）铸，年号钱。版式有小平、折二、折十，背文复杂，品类甚多。天启通宝是明代流通量最多的钱币之一。

天启通宝折十背“十一两”

内穿规整，外廓宽厚，黄铜质，钱径大，钱体厚重，钱文楷书，直读，书法端庄浑厚，粗壮有力，背穿上为“十”，穿右为“一两”，字口深峻，锈色凝重。

直径 47.6 毫米
穿宽 8.9 毫米
厚 3.1 毫米
重 35.4 克

天启通宝小平（光背）

嘉靖通宝

明世宗嘉靖年间（1522—1566）铸，年号钱。

嘉靖通宝小平

钱文中的“靖”字有斜立、正立之分。铜色偏白，即所谓“白铜钱”。

直径 25 毫米
穿宽 5.5 毫米
厚 1.2 毫米
重 4.2 克

荒唐短命的弘光帝与弘光通宝

在中国历史上，哪个皇帝在位时间最短？大家都说是金末皇帝完颜承麟，在位时间不到一个时辰。若问哪个皇帝最昏庸且在位时间最短，估计许多人会想到西汉海昏侯刘贺。

这里要介绍的皇帝，虽不比刘贺昏庸，但荒唐之处可一点儿也不输于前者，他就是南明弘光帝朱由崧。

公元 1644 年 3 月 19 日，李自成所率农民军攻陷北京城，明思宗在煤山自缢身亡，明朝灭亡。而后清军在吴三桂的帮助下入关南下，席卷中原。

此时，明朝在南京的另一套班子推举出新皇帝朱由崧在南京即位，第二年改年号为弘光，铸弘光通宝。

朱由崧是福王朱常洵的长子，即位时已 37 岁，然而做的事可不怎么样。他刚到南京，就发生了伪太子案、伪童妃案，使得大家对朱由崧其人的真假表示怀疑。而他更荒唐的是以下几点：

听戏入迷。即使在危急关头仍不忘大修宫殿，搭建戏台，常为梨园无高手而郁郁寡欢，大臣们还以为皇帝愁的是国运艰难。

钻研丹药。大概明朝的皇帝都有这个爱好，朱由崧也不例外。为了抓蟾蜍入药，他派出了南京城内的所有乞丐，被民间称为“蛤蟆天子”。

重用太监。太祖皇帝曾在宫门外立碑，规定“太监不得干政”。但到朱由崧时，情况完全改变了，他任命太监阮大铖为兵部尚书，“太监带兵，不死也懵”。

广泛选美。南京城内凡有姿色的女子都被筛了好几轮，直至清军攻城，仍在选美。

总之，朱由崧不问政事，对先祖的文治武功一点儿没继承，还吃成了大胖子，逃跑时都骑不上马。

弘光通宝发行仅四个月，但铸量不少，有小平、折二两种。钱文有楷书、隶书。版别很复杂，有南京、凤阳、桂林、贵阳等版，产地不同则面文特征不同。“通”字分“单点通”“双点通”，还有背星纹和背“凤”字的。材质多为黄铜，少有青铜，偶见红铜。背“凤”和折二大钱均稀少。

弘光通宝小平背星纹

面、背廓及穿口规整，钱文端正有力，黄铜质，铸工精，深蓝薄锈，润滑古朴。

直径 25.4 毫米
穿宽 5.3 毫米
厚 1.4 毫米
重 4.4 克

隆武通宝

南明朱聿键即位后（1645）铸，年号钱。朱聿键为朱元璋九世孙，在弘光帝朱由崧被俘后，在福州被黄道周等人拥立称帝，改元隆武，铸币隆武通宝。不过，铸造时间非常短，仅一年。1646年后，隆武通宝被下令销毁。由于铸期短，仅在闽、浙区域流通，故存世稀少。

虽然当时清军已经进入北京城，爱新觉罗·福临已称帝，但是隆武通宝依然属于大明铸币。有小平、折二两种版式。小平又分为背有文和背无文两种。

隆武通宝小平

宽廓细穿口，钱文楷书，精整有力，铜质粗，铸工细，深蓝薄锈，光背无文。

直径 26 毫米
穿宽 5.4 毫米
厚 1.5 毫米
重 5.3 克

永历通宝

永历通宝是南明朱由榔在广东肇庆称帝时所铸，与兴朝通宝的“滇派”风格相似：钱文古拙朴素，内、外廓较宽，铸工粗，加工打磨得不精整；用材单一，黄铜质，钱体径大量重。铸量多，发行时间长。从明晚期一直到清咸丰、同治时期，在滇、贵两省所铸大钱中亦可见其踪影。

永历通宝的版式有四种：小平光背；折二背星纹及“工”“户”“敕”“定”“国”等文字；折五背“五厘”；折十背“壹分”。

按照钱文分为数种：“二水永历”（“永”字写成上“二”下“水”）者；“三角通”（“通”字上的横折点写成倒三角形）者；“双禾一目”（繁体“历”字“厂”内写成上为双“禾”字，下为一“目”字，而正确的写法应为“厂”内上“秝”下“日”）者，还有双“木”一“日”者。

永历通宝小平楷书

直径 27 毫米
穿宽 5.2 毫米
厚 1.4 毫米
重 3.8 克

永历通宝小平篆书

直径 28.2 毫米
穿宽 5.9 毫米
厚 1.3 毫米
重 6.7 克

永历通宝折十背“壹分”

直径 35.6 毫米
穿宽 7.1 毫米
厚 1.5 毫米
重 9.5 克

| 崇祯通宝——见证明朝灭亡的钱币 |

明思宗朱由检于崇祯元年（1628）铸，年号钱。以小平钱为主，有当二、当五、当十大钱，种类繁多，计有百余种。

崇祯皇帝是一个历经磨难、命途多舛、充满传奇色彩、颇具争议的人，他 17 岁继承皇位，是明朝第 16 位皇帝，也是明朝最后一位皇帝。

由于崇祯皇帝既无治国之谋，又无任人之术，用人存疑，滥杀重臣，积重难返，无法挽救日益衰败的大明皇朝。1644 年，李自成军攻破北京时，他于煤山自缢身亡，终年 34 岁。

崇祯通宝铸于明朝最混乱的年代，也是中国古代货币史上最复杂的时期，其中的小平钱复杂的背文和版别更是体现了崇祯钱制的混乱。

| 崇祯通宝小平背“官” |

直径 26.7 毫米
穿宽 5.4 毫米
厚 1.2 毫米
重 3.3 克

| 崇祯通宝小平背“贵” |

直径 24 毫米
穿宽 6.1 毫米
厚 1.1 毫米
重 3.4 克

| 崇祯通宝小平背“戊” |

直径 25 毫米
穿宽 5.7 毫米
厚 1.1 毫米
重 3.7 克

| 崇祯通宝小平背“季” |

直径 23 毫米
穿宽 4.2 毫米
厚 1.2 毫米
重 3.5 克

| 崇祯通宝小平背“一厘” |

直径 25 毫米
穿宽 5.2 毫米
厚 1.2 毫米
重 4 克

| 崇祯通宝小平背“一分” |

直径 26 毫米
穿宽 6.5 毫米
厚 1.3 毫米
重 4.5 克

兴朝通宝

公元1647年张献忠义子孙可望入滇后所铸。版式有小平（背“工”）、折五（背“五厘”）、折十（背“壹分”）三种，其中又有不同的版别。

此币铸行4年，开创了与众不同的“滇派”铸币风格：钱文古拙朴素，内、外廓比其他钱币宽，铸工粗，不甚精整，黄铜质，钱体径大，分量十足。

兴朝通宝小平背“工”

宽缘，背穿下有“工”字。

直径28.4毫米
穿宽6.4毫米
厚1.3毫米
重4.2克

兴朝通宝折五背“五厘”

兴朝通宝折五有“三角通”和“方头通”两种版别，大小不一。

直径34毫米
穿宽7.8毫米
厚1.1毫米
重5.8克

兴朝通宝折十背“壹分”

直径50毫米
穿宽9.4毫米
厚2.1毫米
重27.2克

兴朝通宝的历史意义

一是兴朝通宝见证了农民起义军大西军建立政权的历史。张献忠进入四川后，建立大西政权，短短几年便铸造出体现农民起义军政权的钱币，为相关历史事件提供了实物资料。

二是起义军政权被推翻后，其所铸钱币被视为逆贼的象征，沦为“附逆之币”，遭到收缴和封杀，故存世不易，存世量极少。物以稀为贵，越少见的藏品，保存至今越是不易。

三是兴朝通宝在诸多起义军所铸的钱币中，开创了“滇派”铸币风格：醇厚朴拙，内、外廓较其他钱币更宽大大气，有返璞归真之感，拿在手中，其醇厚的铜材会让人感受到钱体传递出来的那种分量十足的压手感。这种风格对后来吴三桂发行的利用通宝、昭武通宝及其孙吴世璠铸造的洪化通宝诸钱都有明显的影响，也被清咸丰、同治朝在滇、贵两省所铸大钱效仿。

兴朝通宝历经岁月沧桑，用它斑驳的锈迹与铸造的铜痕诉说着自己的故事，韵味幽深，源远流长，既是值得赏析的佳品，又是历史长河中关于农民起义军历史的载体，还是中国人民反封建、反专制的绝佳见证。

| 从利用通宝的流通时间看其历史价值 |

吴三桂举旗反清的主要方式有两种：一是武力推进，抢占地盘，扩充势力；二是发行钱币，激活经济，稳定人心。从某种程度上讲，发行钱币比武力推进意义更大。

吴氏发行的钱币有三种：

一是 1674 年吴三桂起事之初发行的利用通宝；

二是 1678 年吴三桂率兵攻入湖南，在衡阳自立为皇帝，国号为周，年号昭武，发行的昭武通宝；

三是吴三桂死后，他的孙子吴世璠在云南王府即位，改年号为洪化，铸造的洪化通宝。

这三种钱币仅流通了三年。其中，利用通宝的生命力最强，从 1674 年起一直至清代中后期，在 200 多年中，南方各省，特别是云、贵、湘（尤以临澧地区为盛）把它夹杂在清钱中流通，直至民国初年才停止使用。其铸量大，流通时间长，范围广，均创下中国历史上各个起义军和反朝廷的政治集团所发行的钱币之最。

| 利用通宝小平楷书 |

直径 23.6 毫米
穿宽 5 毫米
厚 1.3 毫米
重 3.7 克

| 利用通宝折五背“五厘” |

直径 31.5 毫米
穿宽 6.2 毫米
厚 1.5 毫米
重 7 克

| 利用通宝折十背“一分” |

可见背简体和繁体“壹分”、穿上下“一分”、穿左右“一分”等。传世较丰。

直径 41 毫米
穿宽 6.8 毫米
厚 1.8 毫米
重 18.2 克

昭武通宝

清康熙十七年（1678）三月铸，有小平、折十，线文有楷、篆书体，直读。小平背“工”和钱文篆书者较少。折十篆书大钱背“壹分”，书体优美，制作精良，是在湖南衡阳铸造发行的唯一的钱币。但吴三桂在这年八月病逝，故此币流通时间不长，流通范围不广。清军剿灭吴三桂势力后，曾下令收缴销毁昭武通宝等钱币，故存世量不多。

昭武通宝小平楷书

直径 23 毫米
穿宽 5 毫米
厚 1.2 毫米
重 4.1 克

昭武通宝小平篆书

直径 24 毫米
穿宽 6.5 毫米
厚 1.4 毫米
重 3.7 克

昭武通宝折十篆书背“壹分”

直径 35.4 毫米
穿宽 8.2 毫米
厚 2.1 毫米
重 11.2 克

洪化通宝——稀少的“三藩”明钱

吴三桂之孙吴世璠于公元 1679 年至 1681 年铸。有小平背“工”“户”，币质为黄铜。

明末清初，顺治帝为了夺取全国政权，从明降将中选出洪承畴、吴三桂作为先锋。康熙帝即位后，吴三桂、耿精忠、尚可喜等“有功之臣”分居各地，论功行赏，被称为“三藩”。“三藩”各有重兵把守，各据一方，招人、收税、铸钱，各自为政，俨然成了三个独立的小国。“三藩”均铸钱，其中利用通宝和昭武通宝是吴三桂铸造的。后来清政府为了维护国家统一，下令撤藩，吴三桂举旗反清。1678 年，吴三桂病逝，他的部属拥戴他的孙子吴世璠于贵阳称帝，改年号为洪化，并铸洪化通宝。1681 年，清军攻入昆明，吴世璠自缢身亡，长达 8 年的“三藩之乱”至此平定。所以，洪化通宝的存世量不多。

洪化通宝小平背“工”

面、背边廓规整，黄铜质，熟坑薄锈，自然温润。

直径 24.9 毫米
穿宽 4.8 毫米
厚 1.1 毫米
重 4 克

永昌通宝——农民起义的历史见证

明崇祯十六年（1643），陕西米脂农民起义军领袖李自成率农民起义大军一举攻克明廷的西北重镇——西安，次年在西安建立大顺政权，称新顺王（百姓称其为闯王），并开炉铸永昌通宝铜钱，意为永代昌盛。

永昌通宝钱文楷书，直读，光背无文，有小平、折五钱，版式很多，但其中最大的区别是“永”字有两种书法风格。试铸小平版，“永”字是点和直角的写法，与明钱钱文的书法相仿，这与李自成的反明理念相悖，所以钱出炉后即遭弃用。李自成认为既然建立了大顺王朝，有了自己的钱币，所铸用的钱币文字就应该有新的行文标准。他相信五行之说，认为朱明王朝属火，大顺王朝就应以水灭火，便将永昌通宝的“永”字写成“二水永”，既保持了“永”字的原形，又顺应了以水灭火，以大顺朝取代明王朝的说法。铸量特别大。至今所见的永昌通宝中的“永”多为“二水永”，有正常“永”字的永昌通宝反倒比较少见。

1644年3月，李自成攻克北京，明朝灭亡。夺取政权仅41天的大顺王朝对于山海关一战本已稳操胜券，却被山海关守将吴三桂联手清兵击败，并一直败退出北京。不久，李自成战死疆场。清廷定都北京后，认定李自成为“贼”，大顺王朝所有标识包括永昌通宝尽在销毁之列。

| 永昌通宝小平 |

直径 24.3 毫米
穿宽 5.5 毫米
厚 0.9 毫米
重 3 克

| 永昌通宝折五 |

钱文直读，生坑，锈片厚实，均匀自然，有红斑。

直径 37.6 毫米
穿宽 5.9 毫米
厚 2.3 毫米
重 14.3 克

大明通宝

明崇祯十七年（1644），清兵入关，南明鲁王朱以海逃亡台州（今浙江临海）避难。

弘光元年（1645），朱以海在浙江绍兴被张国维、张名振等拥立为监国，铸行大明通宝。

1646年6月，清军渡钱塘江攻打鲁王政权，张国维兵败身死。朱以海由张名振等护卫着流亡海上，后依郑成功居金门，最后病死。

大明通宝有红铜、黄铜两种材质，铸造不精，只见小平钱，背“户”“工”“帅”等字。铸量少，难觅。

| 大明通宝背“帅” |

直径 25.6 毫米
穿宽 4.9 毫米
厚 1.7 毫米
重 5.6 克

天命钱

在清初那段波澜壮阔的历史中，天命钱无疑是璀璨的星辰，它们彰显了后金政权的辉煌与荣耀，也映照出当时社会的政治、经济与文化风貌。今天，就让我们一起穿越时光，探寻天命钱的铸造历程，以及它们在收藏领域的独特地位。

明万历四十四年（1616），努尔哈赤在赫图阿拉（今辽宁省新宾满族自治县永陵镇老城村）建立政权，定国号为金，标志着女真族的崛起与独立。为了巩固政权，推动经济发展，努尔哈赤决定铸造统一的货币，天命钱由此产生。

天命钱作为后金政权的官方货币，有着深远的政治作用，既有助于巩固新兴政权的统治，又为商品交换提供了便利，推动了商品流通与商业繁荣。同时，天命钱的两种钱文模式也体现了满、汉文化的交融，成为研究清朝初期文化的重要线索。

天命通宝有满文和汉文两种字体形式。满文版因受到清朝统治阶级喜爱，首先铸造，铸量大，版别多。而汉文版铸造稍晚，铸量小，其中天启版极为珍稀，收藏价值极高。

在收藏领域，天命钱以其独特的历史背景、政治意义和文化内涵，成为古钱币收藏家们竞相追捧的珍品。无论是汉文版、满文版，还是珍稀的天启版，都承载着深厚的历史文化内涵，展现了清朝初年的政治、经济与文化风貌。

天命钱的收藏价值不仅在于其珍稀程度，更在于其所代表的那个时代的记忆与传承。每一枚天命通宝都仿佛是一扇时光之窗，能够让我们窥见那个波澜壮阔的时代，感受那个时代的风云变幻。

总之，天命钱作为清初的代表性货币，不仅具有重要的历史意义和文化价值，更是在收藏领域具有举足轻重的地位。无论是从政治、经济还是文化的角度来看，天命钱都是值得我们深入研究和珍藏的“历史的见证者”和中华民族的优秀文化瑰宝。

天命汗钱小平（满文）

面、背内外廓欠圆，宽窄不一，穿口较小，底章欠平整，钱体薄厚略有差异，沙眼较多。铸量少，难觅。

直径 28.1 毫米
穿宽 3.7 毫米
厚 2 毫米
重 6.6 克

天命通宝小平（汉文）（网络图片）

面、背内外廓较宽，穿口较小，铜质粗，底章有沙眼，钱体不平。铸量少，难觅。

直径 25 毫米
穿宽 4.9 毫米
厚 2.2 毫米
重 5.4 克

| 顺治通宝——清朝第一钱 |

从清军 1644 年入关至 1911 年，清朝共历 12 位皇帝。早期顺治、康熙、雍正时期所铸的古钱风格与明末时期一脉相承，分量足，品质精美。但到了乾隆、嘉庆、道光时期，所铸的钱币变得越来越轻，质量也越来越差。中后期又经历了太平天国起义，外敌侵扰，国家财政陷入困境。到了咸丰三年（1853）后开始铸虚值大钱，钱文多由各地名家书写，钱制风格不一，只需观其钱文即可知其铸地。

清朝初期，因战乱纷争，政局不稳，国力较弱，在铸钱工艺和版式上保留了明朝钱币的特征。后期逐渐从明朝铸钱体系中脱离出来，形成了独特的清钱风格。

顺治通宝为清世祖顺治（1644—1661 在位）所铸，是清朝第一钱。背文变化和铸行时段分为五式，不仅表明了清钱承前启后的变化，还提供了战时货币演变的经典案例和实物证据。

顺治通宝排在清“五帝钱”之首，因为其在清钱的历史中发挥了非常关键的作用。

一是成功从明钱过渡到清钱。清朝早期的钱币非常像明钱。后来经过慢慢改变，最终成为背满文或背满、汉文的清代钱币。

二是为后期清钱版式的演变奠定了基础，即形成了顺治五式。

1. 仿明代钱式：面文为“顺治通宝”，光背无文。采用这种形式，主要是适应关内群众的需要，也便于新旧钱之间的兑换。

2. 仿会昌开元钱式：钱背文纪地、纪局。如背“户”“工”者为宝泉、宝源两局所铸。其他有背“临”“宣”“延”“原”“西”“同”“荆”“河”“昌”“宁”“浙”“东”“福”“阳”“襄”“江”“蓟”“广”“陕”“云”等者。其中，背文为汉字的钱币大小轻重差异较大。有的钱局铸钱时间短，开铸不久即停铸，其中背“延”“宣”“蓟”者存世甚少，极为罕见。

3. 权钱，也叫“一厘钱式”：钱背除有局名外，穿左还铸有“一厘”二字。“一厘”是指权银，1文铜钱折银一厘，1000文铜钱值银一两。此钱从1654年始铸，至1660年停铸。各局所铸不尽相同，大小轻重各有变化。

4. 满文钱式：面文“顺治通宝”为汉文，背文则为新满文，穿左右满文为“宝泉”或“宝源”，每钱重 1.2 钱，仅在北京铸行。

5. 满、汉文钱式：面文“顺治通宝”为汉文，穿左为满文钱局名，穿右为汉文钱局名。

在顺治五式钱中，第二式背单字的钱币价值比较高，尤其是背稀少的字如“延”“宣”“蓟”者存世甚少，极为罕见。第四、第五式的普通钱币价值相对低一些，10 元左右就能买到。

| 清代钱币局口 |

“局口”是清代铸币机构的简称，指的是负责铸造钱币的官方机构。清代的钱币铸造由中央和地方共同负责，中央和地方都设有专门的铸币局，这些铸币局被称为“局口”或“局”。每个局口都有其特定的名称和管辖范围，通常以地名或象征性的名称命名。清代不同年号的钱币由不同的局口铸造，背后刻有满文地名。康熙时期有24个局口，雍正时期有19个，咸丰时期则多达30个。

清代局口包括泉、源、直、蓟、德、河、济、晋、陕、巩、苏、浙、昌、福、武、安、南、桂、川、黔、云、东、同、临、宣、江、宁、原、台、广、迪、漳、伊、叶尔羌、阿克苏、喀什噶尔等。每个局口都有其独特的文化和历史背景，是古钱币收藏的重要参考。

| 康熙通宝罗汉钱 |

罗汉钱是康熙年间所铸康熙通宝中的异品。罗汉钱与普通康熙通宝的区别在于，其钱文中“通”字的走之底是单点，而普通康熙通宝钱文中“通”字的走之底是双点；罗汉钱钱文中的“熙”字左上少一竖，而普通康熙通宝钱文中的“熙”则写为“熈”，这一点是鉴别罗汉钱的关键。

在民间流传着很多有关罗汉钱的故事。相传康熙皇帝派年羹尧西征平叛，在行军途中，军饷不足，无奈之下，年羹尧向当地佛寺征借铜佛熔化，铸成康熙通宝，并许下心愿，待班师回朝，定将全部铜钱收回，并加倍铸还金身。为了便于识别，将“康熙通宝”中原“熙”字左边的一竖去掉。不料回京后，年羹尧被革职入狱，于是这批铜钱就留在了民间。

还有一个传说是，道光年间，西湖名刹净慈寺在维修时，于罗汉像内发现了这种不同于常品的康熙通宝。和尚们将这种钱分施给善男信女，说罗汉像内的钱能保佑人逢凶化吉，于是“罗汉钱”便普遍叫开了。

其实，罗汉钱是为康熙皇帝六十寿辰而专门铸的“万寿钱”。康熙皇帝勤于国政，治国有方，康熙五十二年（1713）春三月，正值他六十寿辰，朝廷除隆重举行寿仪外，还特命宝泉局精铸一批小铜钱，称为“万寿钱”，也就是俗称的“罗汉钱”，以示纪念。

罗汉钱有头炉和普通之分。头炉罗汉钱是首次开炉铸造的，钱径都大于26.5毫米，重4.9克，制作精良，色泽光亮，不可多得。普通罗汉钱钱径小，重量轻，缘较窄。二者比较，很容易区分。

罗汉钱被收藏爱好者喜欢。有的年轻人把真品罗汉钱送给心爱的人，以表达爱慕之心。也有人把真品罗汉钱当作寿礼送给过寿的人，表达祝寿之意。还有人在建新居时把真品罗汉钱埋入土中或者挂在房中，以求世代平安幸福，用十八罗汉守家兴业等。

因为罗汉钱代表着吉祥、幸福、平安、长寿、相爱，所以罗汉钱就成了时下一种流行的精品礼物：一是寓意很好；二是罗汉钱属于热门收藏品，送给朋友可以永久保存。

| 康熙通宝小平罗汉钱（网络图片）|

铸工精整，黄铜质，自然包浆，温润入骨。

直径 25.4 毫米
穿宽 5.8 毫米
厚 1.4 毫米
重 5.4 克

| 康熙通宝小平背“原”罗汉套子钱（网络图片）|

边缘宽，穿口细，黄铜质，熟坑包浆，温润自然，稀缺。

直径 27.9 毫米
穿宽 5.6 毫米
厚 1.2 毫米
重 5.4 克

| 康熙通宝小平刻花（网络图片）|

宽缘，细穿，钱文规整，刻花细腻精到，黄铜包浆，温润古朴。

直径 22 毫米
穿宽 5 毫米
厚 1.7 毫米
重 4.9 克

少而精的雍正通宝

雍正通宝始铸于雍正元年（1723），小平，黄铜质，是继顺治通宝、康熙通宝后的第三代钱币。雍正通宝的钱文具有划时代的意义，它奠定了此后清朝180余年的钱文风格。现属于“五帝钱”，五行属土，据说有辟邪的功效。

雍正在位13年，比康熙在位61年差太多，也不及顺治在位近18年。雍正通宝是铸量最少、最简单的一种制钱。其铸造规范精整，直径大，钱文规整统一，价值很大，深受收藏者喜爱。

雍正皇帝对铸钱格外重视，《清史稿》载：“圣祖（康熙）政尚宽仁，世宗（雍正）以严明继之。”雍正对康熙后期遗留下来的诸多弊政进行了大刀阔斧的改革。铸钱也不例外。雍正年间，朝廷对铸钱控制极严，民间私铸极少。在雍正初年，有民间铸钱，形体较小，铜中加铅。针对这一弊端，雍正皇帝责令将铸钱者处以极刑，私钱遂绝。

在雍正朝的15个铸钱局中，宝南、宝川、宝武、宝昌、宝济、宝黔、宝云的铸造工艺大多都不好；而宝河、宝晋、宝巩、宝安、宝浙、宝苏以及京局铸造工艺精良，其所铸钱币是非常热门的抢手货。

雍正通宝小平（宝泉局铸）

宽缘，穿口精整，钱文苍劲有力，铜质细密，底章平整，深古铜色包浆，古朴自然。

直径27.7毫米
穿宽5.4毫米
厚1.2毫米
重4.8克

乾隆宝藏——我国最早正式流通的银币之一

早在明崇祯年间，西藏就已经开始使用尼泊尔和印度的银币了，不过银币上均无汉文、藏文。到了清乾隆年间，印度的卢比不但在西藏流行，还深入到四川、云南。乾隆五十七年（1792），清政府迫于银币流通的事实，决定在拉萨设立宝藏局，并派官员监督铸币，以抵抗印度卢比。乾隆五十八年（1793），西藏铸乾隆宝藏。

宝藏局最初曾试铸过一种名为乾隆宝藏的薄片银币，该币正反面均用藏文，而无汉文，不合清廷之意，因而未获准正式发行。这种未流通的银币留世甚罕，故世人极少见到。

次年，宝藏局按照清廷户部颁布的钱式铸造了乾隆宝藏，即我国最早的正式流通的银币。

乾隆宝藏正面是汉文，边廓上有铸造年份，背面为藏文，正面和背面钱文意思相同。银币根据重量分为三种：大样重一钱五分，中样重一钱，小样重五分。其中中样最多，成色都很好。

制作这种手工打制的银币时，先将纯银制成薄片夹在币模中间，再用锤子敲打而成。小样乾隆宝藏仅厚0.25毫米，可谓其薄如纸了。

乾隆宝藏流通范围不广，只在西藏发行，数量有限，因而存世甚少。

| 乾隆宝藏 |

| 乾隆宝藏五十九年打制银币 |
做工粗糙，面文为汉文，背文为藏文，
形制独特，银灰色包浆，古朴自然。

直径 23.3 ~ 26.4 毫米
厚 1.2 毫米
重 3.3 克

| 乾隆宝藏六十一年打制银币 |
做工粗糙，面文为汉文，背文为藏文，
形制独特，浅灰色包浆，沧桑凝重。

直径 29.1 毫米
厚 1.1 毫米
重 4 克

| 西藏雪山狮子图“桑松果木”银币 |

| 西藏银币一组 |

新疆红钱

新疆位于我国西北边陲，历代中央政权都重视对该地区的统治和管理。17世纪中叶，准噶尔部勾结沙俄再度叛乱，制造分裂，破坏统一。乾隆皇帝派兵平定后，在新疆设立伊犁将军衙门。乾隆二十四年（1759），清廷接受当地军官的建议，以新疆当地产的紫铜（红铜）为原料，铸乾隆通宝。因钱呈红色，故称“新疆红钱”。背文有满文和维吾尔文两种。

自乾隆朝开始，嘉庆、道光、咸丰、同治、光绪、宣统朝都铸行新疆红钱，有150年历史，铸期不短，铸量不多，珍品不少，自成体系。

最早在叶尔羌设立铸钱局，铸行乾隆通宝，正面为汉文“乾隆通宝”，背穿右为维吾尔文“叶尔奇木”，穿左为满文。钱文清晰，钱体厚重，铜质纯净，色泽温润，极罕见，为珍品。当时译音不准，两年后将“叶尔奇木”改为“叶尔羌”。

此后嘉庆、道光、咸丰、光绪等朝又增设阿克苏局、宝伊局、乌什局、库车局等。因铸地不同，有的铸局在背文穿上下铸“喀十”“库十”“阿十”“九”，以及在穿上铸“八年”，在穿下铸“五”“十”等字或星月纹。这些后铸的新疆红钱大多比乾隆时期铸造的轻薄、粗糙，背文变化更复杂。

乾隆通宝小平背穿左满文、穿右维文“叶尔奇木”

面、背边廓精整，钱文方正清晰，红铜质，做工细，面汉文，背左满文、右维文，独特稀少。此币为最早的新疆红钱，钱体厚重，铜质纯净，色泽温润，为泉家所追捧的珍钱之一。

直径24.2毫米
厚1.8毫米
重5.5克

乾隆通宝小平背穿左满文、穿右维文“叶尔羌”

边廓精整，钱文方正清晰，红铜质，做工细，面汉文，背左满文、右维文，独特。下列两钱，左品维文为“叶尔奇木”，为旧称；右品维文为“叶尔羌”，系乾隆二十六年（1761）改定，盖维文译音之转变也。

直径26.3毫米
厚2.1毫米
重6.8克

| 乾隆通宝小平“山底隆”背维文“阿克苏” |

乾隆二十六年(1761)在阿克苏设钱局，初铸厚版乾隆红钱。钱体厚重，铸工粗，红铜质，面汉文，背左满文、右维文，形制与叶尔羌红钱一样，铜质也非常纯净，存世稀少。

直径 26.2 毫米
厚 2.3 毫米
重 7.2 克

| 道光通宝小平背“八年、十” |

钱体轻薄，铸工粗，红铜质，面汉文，背左满文、右维文，存世不丰。

直径 26 毫米
厚 1.1 毫米
重 4.2 克

| 同治通宝小平背“迪化新十” |

钱本轻薄，铸工粗，红铜质，面汉文，背左满文、右维文。

直径 25.9 毫米
厚 1.6 毫米
重 4.5 克

| 光绪通宝小平背“库十” |

钱体薄，铸工粗，红铜质，面汉文，背左满文、右维文，均不清楚。

直径 25.9 毫米
厚 1.6 毫米
重 5.4 克

| 光绪通宝小平背“新十” |

面、背阔缘，红铜质，铸工粗，面、背文字均不精整。

直径 25.8 毫米
厚 1.5 毫米
重 4.4 克

| 咸丰通宝小平背“当十” |

面、背阔缘，红铜质，铸工粗，面、背文字均不精整。

直径 25.2 毫米
厚 1 毫米
重 3.9 克

热西丁汗钱币——新疆红钱中的珍稀品

清代同治初年，受太平天国、捻军及陕甘回民起义的影响，新疆各地也连续爆发了农民起义，其中规模最大、范围最广、割据势力最大的是1864年的库车农民起义。

清同治三年（1864），加拉里丁家族的热西丁在库车建立了政教合一的伊斯兰教“汗和卓”政权。在其政权成立后的三年时间里，热西丁先后在库车、阿克苏两地，沿用清政府原有钱局的技术、设备，铸造了以其姓氏命名的双面老维文（察合台文）钱币，也就是热西丁汗钱币。

热西丁汗钱币作为新疆历史上一种地方起义政权的铸币，虽然文字为察合台文，但无论从铸造技术还是形制上，都应属于中华钱币的范畴，亦属于清代新疆红钱系列。

由于“汗和卓”政权仅存在三年，热西丁汗钱币铸量不大。加之起义失败后被收缴销毁等原因，留存于世的就更少了。现在我们能够看到的每一枚热西丁汗钱币都非常珍贵。

热西丁汗钱币

直径25毫米
穿宽5毫米
厚0.6毫米
重3.9克

直径26毫米
穿宽5.7毫米
厚0.7毫米
重4.9克

嘉庆通宝

清代嘉庆年间（1796—1820）铸，年号钱。全国有19个铸钱局。因钱材含铜及铅锡各半，故钱质灰暗脆弱。少数钱背可见星月纹及表示纪地和吉祥的字，如“福”“寿”“康”“宁”，另有“天子万年”“天下太平”“国泰民安”“日日生财”“嘉庆万岁”“唯和唯一”“如卖三倍”“四方来贺”“五世同堂”等近20种。

嘉庆通宝小平大样

钱文楷书，直读，面、背阔缘，铜质细，铸工精，文字精整，笔画平直，穿口方正。背有满文纪局“宝泉”。

直径27.7毫米
厚1.4毫米
重6.1克

| 道光通宝——清朝始铸的虚值钱 |

清宣宗道光年间（1821—1850）铸，钱文楷书，直读，背满文纪局名“泉”“源”“直”“苏”“南”“昌”“武”“川”“浙”“福”“晋”“陕”“桂”“云”“伊犁”“阿克苏”“库车”“宝新”等，制作粗糙，大小不一。清廷由于财政困难，入不敷出，新疆阿克苏、库车、宝新三局始铸虚值折五、当十钱，这也是清钱虚值钱之始。

| 道光通宝小平 |
黄铜质，铸工较粗，存量多。

直径 35.2 毫米
厚 2 毫米
重 12.9 克

| 道光通宝折二背“天下太平” |
黄铜质，铸工粗，文字欠精整。

直径 25.5 毫米
厚 1.4 毫米
重 4.6 克

| 咸丰系列钱 |

咸丰初年，由于鸦片战争，列强掠夺和太平天国起义迅猛发展，民怨沸腾，清政府财政困难。为了苟延残喘，清政府便在钱币铸行上大做文章，将财政危机转嫁到老百姓身上。相继推出咸丰通宝、咸丰重宝、咸丰元宝等种类繁多、版别复杂的钱币，有千种以上。

为了筹款继续镇压太平军，缓解财政危机，咸丰三年（1853），清廷被迫鼓铸大钱。《大钱图录》载：“军务日滋，清饷不能继，寿阳相国权户部议，请铸当十大钱，兼增铁冶以供度支。旋推及当五十、当百钱。巡防王大臣续请铸当五百、当千两种。”说明咸丰大钱是在迫不得已的情况下铸行的。始铸当十大钱，继而开铸当五十、当百和当千钱，并令全国各省迅速铸造推行。

当时铸行情况十分混乱复杂，在钱币的当值等次、大小轻重、铸造材质、铸造工艺、文字书体等方面，各局甚至同一钱局铸造时都差异很大，以致当值大小和钱体大小、轻重倒置。此外还有铁钱和铅钱。

其中既有极罕见的雕母钱、样钱，也有大量流通的普通品，可谓鱼龙混杂。有红铜、青铜、黄铜材质的，有当五、当十、当五十、当百等面值的，有宝源局、宝泉局、宝陕局、宝福局等 27 个局制造的。铸币轻薄质劣，版式、大小不同，钱文各异，粗劣者较多。

| 咸丰重宝折二（岳宝）宝晋 |
发行于咸丰年间，铸于太原，铜质金黄，精细厚重，底章平整，边廓呈“蚯蚓背”，平滑温润。铸期短，铸量极少，未流通，存世珍罕。

直径 35.7 毫米
穿宽 8.1 毫米
厚 3 毫米
重 18.8 克

咸丰元宝宝源当千

红铜质，钱体大而厚重，面、背边廓、穿口精整，钱文端正，笔画有力，字口深峻。熟坑深红古铜色包浆，醇厚自然。

直径 61.8 毫米
穿宽 9.4 毫米
厚 3.8 毫米
重 69.1 克

咸丰元宝宝陕当千（网络图片）

红铜质，钱体大而厚重，钱文沧桑遒劲、粗犷有力，面、背边廓、穿口规整，黑漆古包浆，入骨厚实。

直径 71.6 毫米
穿宽 11.2 毫米
厚 5.1 毫米
重 122.6 克

咸丰元宝宝巩当百（弯钩版）

黄铜质，铸工细，钱体厚重，浅褐色包浆，古朴自然。

直径 54.4 毫米
穿宽 7.7 毫米
厚 3.6 毫米
重 52.8 克

| 咸丰重宝宝巩当五十（弯钩版）|

黄铜质，铸工细，钱体厚重，浅黄褐色包浆，薄而均匀。

直径 49.3 毫米
穿宽 6.8 毫米
厚 3.7 毫米
重 43.8 克

| 咸丰元宝宝巩当百（直钩版）|

黄铜质，铸工细，钱体厚重，深黄褐色包浆，自然。

直径 54.3 毫米
穿宽 8.1 毫米
厚 3.2 毫米
重 47.9 克

| 咸丰重宝宝巩当五十（直钩版）|

黄铜质，阔缘，穿口前宽后窄，铸工精整，古铜色包浆，自然均匀。

直径 50.4 毫米
穿宽 8.1 毫米
厚 3.2 毫米
重 41.5 克

| 咸丰元宝宝陕当百 |

黄铜质，面、背边廓、穿口欠规整，钱文粗犷有力，有粘连，古铜色包浆厚重。

直径 51.1 毫米
穿宽 9 毫米
厚 4.4 毫米
重 55.9 克

| 咸丰元宝宝河当百 |

黄铜质，面、背边廓、穿口深峻，钱文有粘连，包浆厚重。

直径 59.3 毫米
穿宽 7.3 毫米
厚 4.3 毫米
重 50.8 克

| 咸丰重宝宝泉当五十背星月纹 |

面、背边廓、穿口规整，钱文字体端正，深峻有力，古铜色包浆，温润古朴。

直径 42.2 毫米
穿宽 7.2 毫米
厚 4.4 毫米
重 39.9 克

| 咸丰元宝宝武当百 |

黄铜质，铸工较粗，底章不平，钱文苍劲，黑漆古包浆，自然。

直径 54.6 毫米
穿宽 6.8 毫米
厚 4.1 毫米
重 56.5 克

| 咸丰重宝宝苏当五十 |

面、背边廓、穿口铸工欠规整，熟坑有黄褐色包浆，古朴。

直径 55.9 毫米
穿宽 10.1 毫米
厚 3.3 毫米
重 50.7 克

| 咸丰重宝宝泉当十母钱 |

面、背边廓精整，穿口方正精修，字口深峻，底章平整，具有母钱特征。

直径 34 毫米
穿宽 7.1 毫米
厚 2.6 毫米
重 15.5 克

咸丰重宝宝福当一十计重

直径 36.1 毫米
穿宽 6.1 毫米
厚 3.8 毫米
重 18.2 克

咸丰重宝宝福当二十计重

直径 61.6 毫米
穿宽 8.3 毫米
厚 2.6 毫米
重 30 克

咸丰重宝

| 福建私铸宝福局系列钱为什么没有被问罪 |

咸丰三年（1853）3月，太平天国起义军占领南京，将其改称天京。为镇压起义军，清政府下令全国各地发行钞票，开铸大钱，以筹措军饷，解燃眉之急。福建省地处东南沿海，战事临近，钱荒更紧，因而在户、工两部京局开铸大钱之前，已先行一步，即未征得清政府同意便开铸咸丰宝福局系列大钱。

六月十八日，也就是在大钱开铸后，闽浙总督王懿德才向朝廷奏报：“惟事关创始，自应奏明请旨，再行筹办。但闽省军务紧急，经费不资，民用支绌之际，不得不……先行办理。……俯准闽省宝福局添设两炉，试铸大钱。”福建私铸大钱与朝廷为镇压太平天国起义军而筹款的意图不谋而合，朝廷不但不予怪罪，还下诏书褒奖福建及时铸造大钱，并通告各地向福建学习。至此咸丰大钱通行全国。

宝福局所铸咸丰大钱与宝泉局、宝源局所铸大钱版式不同，这是因为福建铸行咸丰大钱时，还没有部颁样钱标准，而是自行设计了多套不同样式的大钱。从当五到当一百同时试样、铸造，不仅说明当时急需发行大钱，更说明宝福局的铸钱方案比宝泉局、宝源局更有创造性和想象力。宝福局先后试铸了超过六款构思独特、形制精美的系列咸丰大钱，但实际铸造、发行、流通的只有三套，即通宝系列、重宝系列、重宝边纪重系列。至于通宝大字版系列、重宝内纪重系列，以及不成体系的试铸版，均为试铸品，存世稀少。正如马定祥在其主编的《咸丰泉汇》中所言：“背满文宝福、上下纪值、钱肉纪重之重宝钱，今见有一十·计重五钱、二十·计重一两、五十·二两五钱、一百·计重五两共四种，均不多见，尤以五十、一百更珍稀。”宝福局所铸咸丰大钱，正是以其开创精神、形制规整、铸造精美的独特风格，彰显出清代铸钱之最，加之存世极少，故成为众多钱币收藏研究者共同的追求。

咸丰重宝宝福当一十计重钱和咸丰重宝宝福当二十计重钱正面为“咸丰重宝”，背面有满文“宝福”纪局及“一十·计重五钱”“二十·计重一两”。从实物上看，这两种钱有以下几个特点。一是材质优良。它们使用的是色泽较深的红铜，有人称这种铜为“炮铜”，据说是用古炮的炮管熔铸而成。当然，在此铜告罄时，也曾铸造过黄铜、青铜、白铜大钱，还铸造过铅质、铁质大钱。二是铸造精美。这两种钱字口深峻，轮廓分明，工艺精湛，钱体大而厚重，边缘采用单边直线打磨，痕迹明显，削边状态形成面大背小。三是书法俊秀。宝福局所铸咸丰大钱的钱文书法在咸丰大钱中也是最优秀的，不同版别系列钱币钱文的书法也不同，尤其是重宝系列大钱的钱文为楷书，大气稳健，秀丽端庄。

总之，咸丰重宝宝福局系列大钱呈现的非凡韵味是其他钱局所铸钱币所不及的，堪称不可多得的钱币珍品。

咸丰官票大清宝钞

中国是世界公认的最早使用纸币的国家。自北宋以后，南宋、金、元、明、清等朝均有纸币发行，这既有文献记载，更有纸币实物和钞版可证。

大清宝钞始印于咸丰三年（1853）。当时清政府遇到了严重的财政危机，为了紧急筹备军饷，镇压太平天国运动，先后发行了户部官票和大清宝钞。它们以制钱为单位，故又称“钱钞”或“钱票”。票额为五百文、一千文、一千五百文、二千文、五千文、十千文、五十千文、百千文，共8种。

大清宝钞的票面上印有“大清宝钞”四字，正中印有“准足制钱贰千文”，两旁分印“天下通行，均平出入”字样，下端印有“此钞即代制钱行用，并准按成交纳地丁钱粮，一切税课捐项，京外各库一概收解，每钱钞贰千文抵换官票银壹两”，用白皮纸以蓝色印刷。宝钞根据面额的多少而有大小之别。这类纸币自咸丰三年到咸丰九年（1859）均有发行。据传，“钞票”一词即源于此。

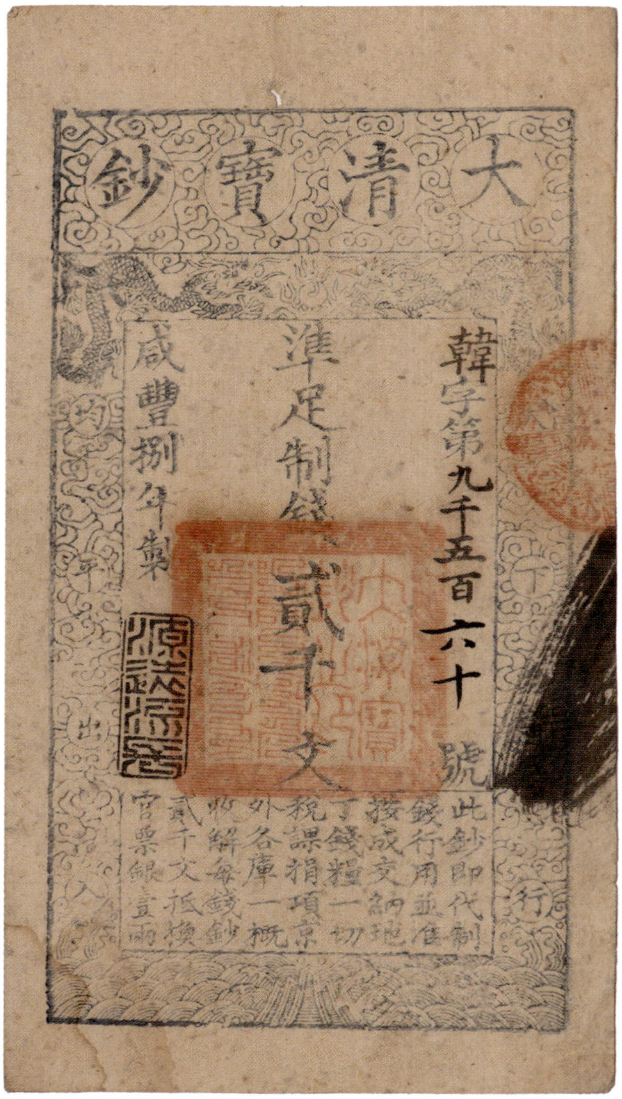

大清宝钞（正面）

大清宝钞（背面）

|“同治”年号钱|

慈禧太后是个祸国殃民的女人。咸丰皇帝活着的时候，她就预谋夺取国家最高权力，但是没能实施。咸丰皇帝死后，他们的儿子载淳当了皇帝。慈禧依恃太后的威势，把政敌杀的杀、关的关、贬的贬，终于篡夺了国家最高权力。虽然如此，她还是忐忑不安，担心朝廷大臣不服气，便拉出咸丰的另一个妻子——东宫太后慈安协助她。说是协助，实际上慈安太后仅仅是挂个名，一切都得听慈禧太后的。她在处理国家大事时，让一个亲王怀抱小皇帝坐在御座上，御座后面拉起一个用珍珠穿起的帘子，她坐在帘后，替皇帝发号施令，指挥大臣。这叫“垂帘听政”。为什么要坐在帘子后面听政？中国封建社会有个传统是女人在男性世界不得抛头露面，否则会被视为不雅、不贞、不洁，所以太后只能坐在帘子后面指挥。帘子的特点是由内往外看得清楚，由外向内看得模糊。因为名义上是两位太后共同听政，所以给小皇帝取的年号叫“同治”，公元1862年即为同治元年，在各省铸造同治通宝和同治重宝年号钱。

慈禧太后听政时期是中国社会最黑暗、最腐败的时期之一，生产力下降，社会经济崩溃，通货膨胀，货币质量极差，有的小钱还没有榆荚大，钱上的文字根本看不清。

|同治重宝宝源背“当十”|

铜质粗，铸工不精，钱文呆板，古铜色包浆。

直径30毫米

厚1.9毫米

重8.5克

|同治重宝、同治通宝|

| 祺祥重宝——昙花一现的短命钱 |

咸丰十一年（1861）七月，咸丰皇帝因忧惧操劳病死在承德避暑山庄。临死前，他深知年仅6岁的儿子载淳难以掌管国家，便特封肃顺等8人为赞襄政务大臣，以辅助载淳继承皇位。

咸丰皇帝死后，8位大臣遵从遗诏，总摄朝政，拥立载淳即位，拟定改元祺祥，并命人回北京昭告铸钱局，铸造祺祥通宝和祺祥重宝，准备第二年（1862）小皇帝即位后，即颁发全国各省照式铸造发行。

不料事泄而为慈禧太后所闻，她篡权更加急迫。就在肃顺等人扶咸丰皇帝的灵柩回京的路上，慈禧太后发动了政变，将8位顾命大臣全部抓起来治罪处死，史称“祺祥政变”或“辛酉政变”。慈禧太后再以两后“一同治政”为名，谕用同治年号，而废祺祥。

祺祥年号早在咸丰十一年七月二十六日就已确定，但至十月初五被慈禧太后明令废除，共计69天，时间之短，实为我国历史上少有。

此前所铸的祺祥钱是准备向全国各省颁发的样钱，所以铸造得特别精致，铜质优良，重量、精度十足，但数量很少，流传至今的就更少了，收藏者每得一枚如获拱璧。

| 祺祥重宝宝源背“当十”（网络图片）|
黄铜铸，质较细，内外边廓较宽，穿口方正，
钱文端正，粗壮有力，古铜色包浆，古朴自然。

直径 34.6 毫米
穿宽 6.3 毫米
厚 1.9 毫米
重 12.7 克

| 光绪重宝小平背“当拾”母钱 |

清德宗载湉光绪年间（1875—1908）铸，钱文有楷书、楷兼隶、楷兼宋三体，背文为满文、回文纪年、纪局、纪吉语、纪批次等多种形式。其中有精彩绝伦的机制币，也有稀奇古怪之版式。

光绪重宝小平背“当拾”母钱，钱文工整清秀，楷书直读，背穿左右为满文宝局名，上下为汉文“当拾”两字，传世者以户部宝泉局和工部宝源局铸造的较为常见。

光绪机制币在中国制币史上是首次引进西洋机器铸造的第一批中国样式（外圆内方）的行用钱。另有北洋造光绪通宝机制铜钱，背“北洋零用一文”。有黄铜质、青铜质两种，新疆地区用红铜铸造。以宝泉局、宝源局铸造的较为常见，此外还有宝直、宝苏、宝浙、宝昌、宝福、宝南、宝晋、宝陕、宝川、宝广及伊利、阿克苏等局铸造的16种。

| 光绪重宝小平背“当拾”母钱 |

黄铜铸，铜质细腻，边廓规整，穿口精修，钱文端正，纤细挺拔，古铜色包浆，温润自然，母钱特征明显。

直径 28 毫米
穿宽 6.1 毫米
厚 1.8 毫米
重 7.2 克

| 光绪重宝小平背“当十”母钱 |

铜质细腻，底章平整，边廓阔缘规整，穿口方正精修，钱文挺拔，古铜色包浆润泽。

直径 31 毫米
穿宽 6.9 毫米
厚 1.8 毫米
重 9.8 克

| 光绪通宝小平（部颁样钱）|

铜质细，底章平，边廓、穿口规整，钱文挺拔，包浆古朴自然。

直径 24 毫米
穿宽 4.2 毫米
厚 1.7 毫米
重 5.5 克

| 光绪通宝小平（机制币）|

铜质纯，底章平，穿口方正，钱文平直，包浆黄亮自然。

直径 24 毫米
穿宽 5.8 毫米
厚 0.8 毫米
重 2.8 克

| 光绪银圆迪化伍钱背维文 |

该钱是光绪二十九年到三十三年（1903—1907）铸造。银币正面中间为竖写汉文“光绪银圆”，左边为竖写汉文“伍钱”，右边为竖写汉文“迪化”。背面外圈为双叶花纹环绕，中间为维文“乌鲁木齐、伍钱”。

| 光绪银圆迪化二钱（贰钱）背维文 |

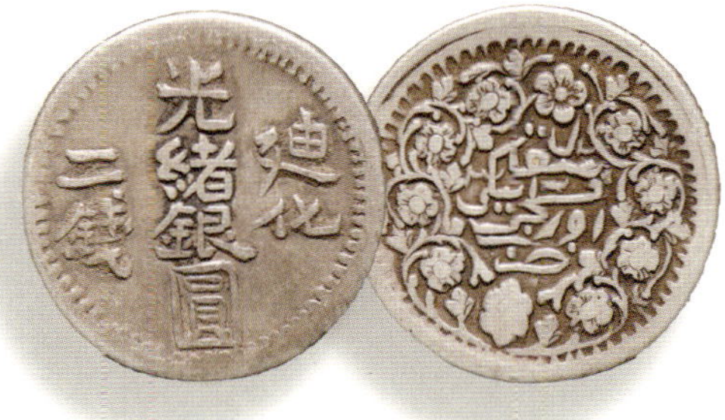

饷银五钱

饷银五钱银币正面为汉文、维文“饷银五钱”，背面为蟠龙图。版别较多：从正面看，汉文“饷银五钱”有字体大小、笔画粗细的不同，汉字中心存在着有花饰和无花饰的差异；从背面看，图案有无圈龙、线圈龙、珠圈龙、维文龙、蝙蝠龙的不同，蟠龙又有小头龙、尖角龙、小龙的差异。

光绪三十三年（1907）五月，新疆布政使王树楠向巡抚联魁建议，以内地各省拨来的财政补助银“协饷”为原料，在新疆（迪化）水磨沟机器局铸造银币。联魁于同年六月四日批准成立新疆银圆局，铸造五钱、四钱、二钱、一钱四种银币。至光绪三十四年（1908）七月止，共铸银32万两，主要用于军费开支，故称“饷银”。

饷银五钱

钱币保存较好，包浆老到，色泽自然，文字和图案自然细腻，深浅合适。背面龙纹栩栩如生，散发出一股王者的风范和历史沉淀的气息，体现了清代官员俸禄的象征。存世量较少。

太平天国名珍品

咸丰三年（1853），太平天国起义军定都江宁（今江苏南京），改称天京，并正式铸钱。不久，苏州、杭州、徽州、衡州、绍兴、嘉兴等地先后都有铸造，币材有金、银、铜、铅、铁。形制有小平、折五、当十、当五十、当百5种，但均不纪值。钱文最多的为宋体，次为楷书。其中的“国”字方框内为“王”。钱币背面文字款式多样，计有6种，其中以“大花钱”最为珍稀。

天国背“圣宝”

青铜质，边廓、穿口浑圆，钱文平，字口浅，包浆温润。背穿上下为“圣宝”二字。

直径37.8毫米
穿宽6.1毫米
厚3.3毫米
重28.5克

太平天国小平背“圣宝”

面、背均有内外廓，穿口浑圆，钱文平浅，包浆温润。背穿左右为“圣宝”二字。

直径25毫米
穿宽5.8毫米
厚1.3毫米
重4.4克

| 宣统通宝——中国封建社会最后的方孔圆钱 |

1908年11月14日，清光绪皇帝在慈禧太后的胁迫、凌辱下郁结而死，年仅38岁。因为他没有儿子，慈禧太后就把他3岁的侄儿溥仪立为嗣君，定年号为宣统。1909年为宣统元年。

光绪皇帝死后第二天，慈禧太后也病死了。溥仪便由他的父亲醇亲王载沣抱着当皇帝，下圣旨、布诏令、铸铜钱等都由他的父亲代行权力。但是他只做了3年皇帝。

1911年10月10日武昌起义爆发后，各省纷纷响应。第二年元旦，孙中山任临时大总统，宣告中华民国成立。2月12日，清政府发布了宣统皇帝退位诏书，2000多年的封建君主制度至此结束。

宣统时期的宣统通宝主要由宝泉局铸造。后来，有条件的省份利用机器铸造宣统通宝和宣统元宝铜币、银币。仅过了两年，孙中山领导的辛亥革命推翻了黑暗腐朽的清王朝，建立了中华民国，宣统年号和宣统货币也被废除。

如今宣统通宝铜币、银币作为文物还在流传，但流通了2400多年的方孔圆钱至宣统通宝寿终正寝。

| 宣统通宝小平 |
钱体轻薄，铸工粗，钱文平浅。

直径18.1毫米
穿宽5毫米
厚1.3毫米
重2.4克

宣统宝藏

宣统宝藏

银质流通币，磨损严重，钱体薄，铸工粗，钱文平浅，字体不端，自然氧化形成轻薄的银黑色包浆。

直径 25.3 毫米
厚 1.4 毫米
重 5.6 克

由天津造币厂精制宣统宝藏的样币，颁发给四川成都造币厂照此铸造流通币，供当时西藏地区使用。

此宣统宝藏正面铸汉文，其“宝”字从“尔”，背面正中为龙图，外环铸藏文“宣统西藏宝藏”及藏文纪值“库平二钱”。此币铸行仅两年。宣统三年（1911），辛亥革命推翻清王朝后即停铸。

四川卢比——我国最早的人物头像银币

清朝晚期，清政府曾抵制大量流入的印度卢比，当时在川、滇、藏地区爆发了一场中英之间的货币战争。

光绪三十一年（1905）11 月，清廷接受四川总督锡良的上奏，同意在四川正式铸造银圆——四川卢比。

四川卢比又称“四川藏洋”，其形制和印度卢比十分相似。但这种银币在额定重量上，却有一些不为人知的波折。这种银币在铸造早期，沿用光绪二十四年（1898）陕西省造光绪元宝库平三钱六分的旧制，所铸钱币重 13.3 克。但在其流通过程中，成都造币厂发现四川卢比比印度卢比重四分（2 克），二者在交易中却是等价的，长此以往会导致大量白银外流。于是成都造币厂立即收回并销毁了早期铸造的库平三钱六分四川卢比，并对新造银币进行了减重处理，将其降为库平三钱二分，减重至 11.3 克。这段鲜为人知的历史，说明了当时货币战争形势的严峻。

印度卢比上铸有英国维多利亚女王的头像，四川卢比上则铸有清朝光绪皇帝的侧面头像，背面印有“四川省造”四个字，周围环绕着花草纹饰。这是我国历史上第一次将帝王头像铸造在银币上，其出现对抵制和驱逐印度卢比起到了一定的作用。四川卢比是我国最具历史意义的地方银币之一，也是我国最早和唯一铸有帝王头像的银币，值得珍藏。

四川卢比

银质，钱体厚，铸工精，币面人物头像平浅，背花草纹饰，自然磨损，有薄银色包浆。

直径 35 毫米
厚 1.8 毫米
重 11.3 克

| 宣统三年造大清银币的由来 |

光绪末年，我国各省级地方政府都使用机器铸造光绪元宝银币。当时各省的银圆局几乎是独立的，所铸银圆的重量和成色不一，流通也有地方性。为此，清政府于宣统二年（1910）4月颁布了《币制条例》，规定以元为单位，定银圆为国币，每枚银圆重七钱二分，成色为90%，含银量为六钱四分八厘；同时，各省停止自行铸币，将铸币权统一归于中央政府。当年就试铸了统一的大清银币，有一元、五角、两角五分、一角四种币，其中只有五角币曾流通于市。

宣统三年（1911），由户部天津造币总厂正式试铸大清银币。其正面中间为“大清银币”，上为满文“宣统三年”，下为汉文“宣统三年”，左右为束花一对；背面为蟠龙图案和英文“ONE DOLLAR”（一元），中央为“壹圆”二字。蟠龙图案又有长须龙、短须龙、曲须龙、反龙、大尾龙5种版式。同时制有五角、两角、一角等辅币，但其版式只有一种，甚为美观大方。

顾名思义，长须龙的龙须显得特别长，短须龙的龙须直而短，曲须龙的龙须向左右两边弯曲，反龙的尾巴向右弯曲（一般龙尾都是向左弯曲的），大尾龙是指龙尾与一般的龙相比显得特别肥大。其中，长须龙与曲须龙又各分为两种版式，前者两种版式的不同之处在于币面的双花略有差异，后者两种版式的区别在于币背英文最后有一点与无一点，这两种差异均容易被人忽视。

图案为曲须龙的大清银币较为常见，而图案为长须龙、短须龙和反龙的不多见，尤其以图案为短须龙和反龙的大清银币最罕见，是难得的珍品。

民国初年，军阀混战，币制未定，所以政府续制大清银币流通使用，直至民国三年（1914）袁世凯币（俗称“袁大头”）制出而止。

| 大清银币（宣统三年）|

直径 39.53 毫米

重 26.7 克

北洋造光绪元宝

光绪二十二年（1896）铸北洋造光绪元宝银币（简称“北洋龙”），这是光绪时期铸造的“三剑客”银圆之一。

北洋当时应属直隶省，泛指河北、天津一带。那时各省都在铸银圆，而北洋造系列银圆是其中非常流行的一种版式。

北洋造光绪元宝的铸行在各个省份中算是比较早的。最早的是在光绪十五年（1889），当时仅有一元面值的银圆，但是这种银圆是呈给皇帝御览用的，没有大规模铸造。直到光绪二十二年才开始铸造流通银圆，其版别有光绪二十五年（1899）、光绪二十九年（1903）、光绪三十四年（1908）的，其中只有光绪三十四年的比较常见，历来为收藏爱好者所珍爱，尤其是一些具有精美品相者更是让人爱不释手。

光绪元宝（光绪二十五年北洋造）

直径 38.65 毫米
重 26.9 克

光绪元宝（光绪三十四年北洋造）

直径 39.16 毫米
重 26.3 克

壹圆（光绪二十四年北洋机械局造）

直径 38.71 毫米
重 26.8 克

| 光绪元宝（广东省造）|

直径 39.3 毫米
重 27.3 克

| 光绪元宝（江南省造）|

直径 39.6 毫米
重 26.7 克

| 大清铜币 |

大清铜币学名为清代机制铜圆，始铸于光绪二十六年（1900），止于宣统三年（1911），流通时间较短。因版面设计优雅，雕刻精良，且存世量极为稀少，光绪年户部造大清铜币当十被誉为中国近代货币中的十大名誉品之一。

大清铜币版式繁多，尤以当十为最，具有一定的收藏价值。多位清帝在位时发行过铜币作为流通货币。铜币的使用具有重要的现实意义和历史意义，使商品交易逐渐便利起来。如今，多种多样的铜币成为许多收藏家的收藏目标。

| 大清铜币一组 |

第六章

列强入侵，军阀纷争

——中华民国（1912—1949）钱币

| 最早流入中国的外国银圆 |

17世纪是中国从明朝迈向清朝的巨大历史转折和变革时期。明万历年间，中外通商频繁，西方商人每年从我国购买大量茶叶、丝绸、陶瓷等商品，使得大量外国银圆流入我国，种类多达几十种。常见的有西班牙银圆、威尼斯银圆、沙俄银圆、法国银圆、荷兰银圆、日本银圆和墨西哥银圆等，其中，西班牙银圆和墨西哥银圆最早流入我国。

西班牙银圆亦称“本洋”，1535—1821年在墨西哥铸造，币面铸西班牙国王的肖像，最常见的是查理三世的肖像。双柱本洋币面的双柱上各有一卷轴裹着，呈“S”形。这种银圆在19世纪中叶曾广泛流通于我国沿海及长江流域。

墨西哥银圆亦称“鹰洋”。墨西哥于1821年独立后，于1824年铸造鹰洋，含银量90.18%。币面是墨西哥国徽，一只鹰嘴里叼着一条蛇站在仙人掌上。咸丰四年（1854）初入中国，先在广州流通，后扩散到各地，曾代替本洋成为主要的流通货币。自1905年起，墨西哥改用金本位制，鹰洋来源断绝，在中国始渐减少。

外国银圆之所以能在中国流通一二百年，主要原因是：制作精致，钱径尺寸及成色基本一致，交易时计算方便；且旧中国制币工艺落后，给了外国银圆大量流入的可乘之机。

至道光年间，为供军饷，抵制外币，先在台湾、漳州试铸银圆。光绪年间，出于社会经济发展的需要，清政府从国外进口铸币机器，参照外国银圆的重量和成色，开启了中国官铸银圆的新历史。

| 西班牙双柱本洋 |

直径39毫米
重26.86克

| 墨西哥鹰洋 |

直径39.1毫米
重26.8克

| 人物头像外国银圆 |

直径 37.94 毫米
重 27.8 克

| 坐姿女王外国银圆 |

直径 36.82 毫米
重 27.8 克

| 皇帝头像外国银圆 |

直径 35.92 毫米
重 26.4 克

| 女王头像外国银圆 |

直径 36.79 毫米
重 25.8 克

“袁大头”的珍稀版别与真假辨识

1913年，袁世凯出任中华民国大总统。当时北洋政府针对铸币、纸币、外币规格不一、流通混乱、折算烦琐、民众积怨的复杂现状进行了货币改制，同时也借机筹措军费。

1914年2月7日，袁世凯以总统令的形式颁布了《国币条例》和《国币条例实施细则》，将铸币的发行权收归民国政府所有，并对原先各省所铸造的银圆做等价值兑换改铸，推行国币银币四种（壹圆、中圆、贰角、壹角）、镍币一种（五分）、铜币五种（贰分、壹分、五厘、二厘、一厘）为主币。袁世凯为了提高自己的统治地位，把自己的头像铸于币面，“袁大头”由此而来。

当年“袁大头”先在天津造币厂铸造，后在南京、广东、武昌等造币厂陆续铸造，铸造量达到七亿五千万枚。

一、“袁大头”的珍稀版别

1.“O”记版。在嘉禾图案中有“O”形暗记：嘉禾结带处呈横“8”字形，左上方的带孔中有一极小的“O”形圆圈。袁像前领未封，肩章较宽，五星较凸出。“O”记版又分为普通“O”记版、大肩章“华”字有横版、小肩章长叶修“壹”版、小肩章长叶修“壹”开口贝版、中肩章实心“O”记版、三角“圆”（睁眼）版等几十种珍稀版别。

2. 粗发版。袁像头发较粗，发型呈波浪状。嘉禾结带没有形成纵横交错的“8”字形结花，右边的嘉禾结带处形成一个不规则的圆。

3. 开口贝版。该币壹圆的“圆”字内“贝”的最下一横未与竖画连接，形成了“开口贝”。该版袁像肩章条纹明显，袁眼中有一从上至下的直线，俗称“睁眼”。这一特征是其他版别上见不到的。

4. 三角“圆”版。该币背面“圆”字内的“口”形成“△”，而其他版别上的是“开口”型。

5. 加铸“甘肃”两字版。此系兰州造币厂沿用民国三年（1914）的旧模所铸，袁像左右加铸有“甘肃”二字，铸量仅数万枚。

6. 签字版。此为天津造币总厂试铸的样币，并未流通，甚少见。该币袁像右侧刻有一竖行英文字母“L.GIORGI”，是在华外籍铸币专家、意大利雕刻师鲁尔治·乔治签名的缩写。

7.“T”字边、鹰洋边版。此系天津造币总厂试铸的样币，两种币均少见。正、背图案与一般的“袁大头”相同，仅边齿上有区别，为“T”字边或鹰洋边。

二、“袁大头”的真假辨识

1. 根据银质辨识。真银光泽柔和，润白色。银的成色越高，其颜色越白。真银圆清洗后雪白照人，硬度低。两块银圆相叠摩擦，有油润感，听不到金属的磕碰声。

假银圆或为钢铁做坯，或为铜铅做坯，或为铝锡做坯，或为金属粉末加水泥做坯，颜色偏暗，无光泽。假银圆用火烧后有断裂的、变形的、散化的，清洗后泛黄、泛青、泛黑或泛灰。真银圆被火烧不变形，不变音，清洗后雪白、有亮光。

2. 根据声音辨识。用拇指和食指的指尖掐住银圆中心，或用中指托住银圆中部，用另一枚银圆撞击它，声音清脆柔和的是真银圆，声音尖高的是钢铁做的假币，声音嘶哑的是铜锡合金做的假币，声音沉闷的是银包铜的假币，无声的是金属粉末加水泥做的假币。

过去传统的方法是用拇指和食指的指尖掐住银圆中心，用力猛吹，能听到轻微韵音的是真银圆，无韵音的是假银圆。使用这种方法，一要听力好，二忌手指和银圆接触面过大，三要猛吹快听。

3. 根据包浆辨识。传世银圆表面有一层氧化银，就是常说的包浆。主要有浅黑色、浅灰色、浅橙色和栗壳色。用鞋油擦涂和用蜡火烧烤出来的包浆呈熏黑色，一眼便可识别。

4. 根据锈色辨识。银圆若存放不当会生锈。传世银圆锈层很薄，呈墨绿色；出土银圆一般锈层较厚，局部锈层凸起，两枚银圆若锈在一起，磕开后表面有分布不均的白色亮点，迎光视之，闪闪发亮，俗称“泛银”，这是无法作伪的；陪葬出土的银圆多数泛酱红色，局部有绿色锈斑；水坑出土的银圆通体泛绿锈。真银圆的锈色是历史的烙印，很难去掉，用碱水煮沸也去不掉；假银圆上人工做出来的锈呈淡绿色，用指甲能刮掉，针扎在上边可以直立不倒，用碱水沸煮后半小时便锈色全无。此外，假银圆的锈用鼻子闻有腥味，用舌头舔有酸味。

5. 根据边齿辨识。真银圆边齿平整，大小一致，齿深深浅一致。假银圆边齿不规整，歪歪扭扭，深浅不一。

6. 根据重量辨识。真银圆的标准重量为26.86克，经过百年流通的磨损，也能达到26.5～26.8克。一些粗制假银圆与非银质银圆往往轻于26.5克很多。

“袁大头”已被市场认可，因此有造假者进行伪造，收藏时要谨慎，避免成为“冤大头”。

|“袁大头”壹圆|

直径38.4毫米
重26.8克

|“袁大头”壹圆|

直径38.9毫米
重26.7克

|“袁大头”壹圆|

直径38.5毫米
重27克

|“袁大头”壹圆（精铸）|

直径38.7毫米
重26.8克

|“袁大头”壹角|

直径18.5毫米
重2.7克

|“袁大头”中圆|

直径31.6毫米
重13.5克

“袁大头”贰角

直径 22.5 毫米
重 5.3 克

“袁大头”壹圆（精发版）

直径 39 毫米
厚 2.4 毫米
重 27 克

“袁大头”一组

| 双帆银币 |

孙中山在中华民族发展史上是一位伟大的人物，他为近代中国的社会发展和经济建设做出了极大的贡献。为了表彰他的丰功伟绩，南京国民政府制作了与当时的“袁大头”、开国纪念币等相媲美的孙中山像双帆银币，并将其定为流通国币。

民国双帆银币是中国近代机制币中的十大名誉品之一。有民国二十二年版和民国二十三年版两种版别，由上海中央造币厂铸造发行。币质为雪花银，正面镌刻孙中山侧面像，上方分别镌刻“中华民国二十二年”“中华民国二十三年”。背面镌刻双桅帆船在乘风破浪前进，表达了对中华民国一帆风顺和对美好生活的向往；双帆左右分列“壹圆”二字。整体设计精美，寓意深远。双帆银币名气大，是由其历史性和珍稀性决定的。此外还有一种三鸟帆船版，更加稀缺。

| 双帆银币壹圆 |

直径 39.1 毫米
重 26.7 克

直径 39.52 毫米
重 26.8 克

| 四川银币 |

四川银币是中华民国元年（1912）由四川军政府始铸，1935 年后停止铸造。

正面中心为芙蓉花，左右各有一个十字花星，环上为“军政府造”四字，环下为纪值的“壹圆”二字。背面中心为篆书“汉”字，代表大汉四川军政府。周围环以 18 个圈，代表 18 个行省。环上为“中华民国元年”六字，左右各有一个十字花星。

| 四川银币壹圆 |

直径 38.62 毫米
重 25.1 克

| 宣统元宝（四川省造）|

四川省造宣统元宝库平七钱二分银币，以其独特的铸造工艺和历史背景，成为众多藏家争相追逐的对象。正面镌刻满文、汉文“宣统元宝”。背面以精美的蟠龙图案为中心，蟠龙四周祥云环绕，龙身纹路细腻，展示出当时中西合璧的铸造技艺。

开国纪念币壹圆

中华民国开国纪念币壹圆的寓意非常好：该币隶书钱文中的“民”字最后一笔拉长，象征着推翻清朝的统治，人民出头，以及民主政府的建立。

| 开国纪念币壹圆 |
正面中央为孙中山侧面像，左右两边各有一朵五瓣梅花（梅花为当时的国花），寓意着五权宪法。背面为豆和麦穗，“取丰岁足民之义，垂劝农务本之规”。

直径 38.64 毫米
重 26.7 克

大富一两正银背后的故事

也许有很多人不太了解大富一两正银，这里给大家讲讲其版别以及背后的故事。

“富”字银币是二战期间法国人在越南河内所铸，主要用来购买中南半岛山区农民的鸦片。当时该地由法国维希政府管辖，鸦片买卖占其税收的四分之一。以往商人均以银币支付，但法国的安南银圆（即坐洋）于 1928 年后停铸，银币来源减少。二战爆发后，银币更加稀缺，而中南半岛的村民却拒收纸币或其他非银质货币，迫使殖民政府搜罗各类银器熔铸成银圆（“富”字银圆）、银饼和银铤，与鸦片贩子进行交易。

二战结束后，中南半岛北部由当时云南省国民政府主席卢汉率领的部队接收。在托管期间，这支声名狼藉的驻军没收了大批财富，其中包括许多鸦片及银圆。他们在 1946 年撤退时，把这些东西都搬回了云南。后来国共激战，各省经费无着，这些“战利品”就被出售或当军饷发放，部分亦随众外流于民间。

大富一两正银正面是楷书的“富”字，背面上方是越南文字，下方是“一两正银”四字。有大“富”和小“富”两种版别，左图展示的属于大“富”版。铸期短，流通区域狭小，存世量少。

| 大富一两正银（网络图片）|
铸期短，存量少。

直径 39.4 毫米
厚 1.6 毫米
重 36.9 克

| 小富半两正银 |

小富半两正银寓意为小富即安，因为寓意好，所以非常受欢迎。“富”字银币属于云南边境的贸易银，铸量相对较少，而且币面留白较多，容易划伤，不易保存。

| 小富半两正银 |
原汁原味，滴水未沾，状态极佳，存量较少。

直径 33.2 毫米
厚 1.7 毫米
重 18.5 克

| 云南省造双旗半圆银币、贰角银币 |

云南省造双旗半圆银币和贰角银币是 1932 年云南军政府为了整顿金融市场，安排云南造币厂设计、铸造的。这两种银币的特点是钱文不同，图案基本相同。

云南省造双旗半圆银币含银量为 50% 左右。正面珠圈中央为双旗，上刻“中华民国廿一年”，左右两边各有一朵由 7 个圆圈组成的花朵。背面中央为表示币值的“半圆银币”四个字，外环珠圈上刻“云南省造”，下刻“库平三钱六分”，左右两边的花朵跟正面的一样。

云南省造贰角银币含银量为 45% 左右。图案与半圆银币的基本相同，只是纪值不同。该币制作工艺精湛，打制深峻，轮廓清晰，呈现出五彩包浆和丝光柔亮的品质。这种银币既是历史的见证，更是设计艺术的结晶。它们反映出那个时代的社会、经济、文化背景，具有重要的历史意义和收藏价值。对于钱币收藏爱好者而言，能够拥有这样一枚罕见且品相顶级的银币，无疑是一种莫大的荣幸。

截止到民国二十三年（1934），云南省造双旗半圆银币生产了 2304 万枚，云南省造贰角银币仅生产了 298 万枚，所以贰角银币在市场上比较稀有，值得重点关注。

| 半圆银币（云南省造）|

直径 32.4 毫米
重 13.2 克

| 贰角银币（云南省造）|

直径 23.6 毫米
重 5.4 克

中国铜圆开创了中国铸币工艺的新纪元

中国最早的铜圆(机制铜币)由晚清两广总督张之洞于光绪十三年(1887)奏准创建广东造币厂，于1889年开始生产，史称“机制币”。这标志着我国金属货币从传统手工翻砂铸造进入了先进机器化生产的新纪元。其形制与历代方孔铜钱不同，中间无孔，系仿香港铜币铸造。

中国铜圆的诞生，见证了我国从封建社会向半殖民地半封建社会转变的历史进程，它们是我国近代货币体系的重要组成部分。

一、铜圆的由来

中日甲午战争后，中国进入至暗时期。各国列强一边疯狂瓜分“势力范围”，一边加大对中国的经济侵略，强迫通商，制造外贸逆差，使中国的白银大量外流。再加上沉重的战争赔款，使清政府日益陷入财政困境。同时，各国列强以掠夺为目的，扶持中国私营资本工商业“发展”，导致社会对货币的需求量日益增大。铜圆就是在这种特定的历史条件下应运而生的。

二、铜圆的分类

1. 光绪铜圆，由造币总厂于光绪二十六年(1900)至光绪三十一年(1905)铸，正面为汉字“光绪元宝”，左右两边分列“户部”二字。各地所铸光绪铜圆均在正面上缘或左右两边分列省名及地名，以示区别。

这一时期，各厂局自行设计铜圆，竭尽所能，出现了一大批具有地方特点的龙图、花式，这是铜圆品种最多、图案最丰富、版别最繁杂的时期。

2. 大清铜币，光绪三十一年（1905）至宣统三年（1911）铸，多由户部统一制发祖模，背面为蟠龙图，史称“大清龙”。大清铜币也有背水龙、坐龙等图案的，但数量不多。此外还有些面、背误配的错版，数量更少。

这一时期各地所铸铜圆上面多有“大清铜币”字样。总厂造币前期均在正面左右两边分列“户部”二字和干支纪年文字；后期则去掉了“户部”二字，仅留干支纪年文字。各地造币均在正面中央铸阴文（也有少数为阳文）省名以示区别。

3. 民国铜圆，分为初期、中期、后期三种形制：

初期铜圆指的是民国元年（1912）至民国七年（1918）发行的铜圆。其种类有开国纪念币、共和纪念币及铸有各省省名的民国铜圆等。这一时期新式铜圆与清末旧式铜圆混合使用，铜圆流通局面混乱。

中期铜圆指的是民国八年（1919）至民国二十四年（1935）发行的铜圆。这时国内铜圆的混乱局面达到顶点，市面上流通的不仅有清代各类铜圆、民国各类铜圆，个别地区还流通大面额铜圆，如四川大部、湖北、河南局部地区流通五十文至二百文不等的大面额铜圆。共产党领导的革命根据地和日伪政权控制的地区也发行铜圆。可谓五花八门，各显神通。

后期铜圆指的是民国二十五年（1936）至民国三十八年（1949）发行的铜圆。这一时期各地军阀逐步走向衰落，国民政府为统一币制，整顿金融秩序，开始强制发行纸币、镍币。铜圆逐渐被取代，被迫退出流通领域，走完其短暂的历程。

三、铜圆与铜币的区别

铜圆主要流行于清末民初，有1000余种。民国政府成立后，于1914年将铜圆正式改称“铜币”。清铜圆与民国铜币的区别是龙纹换成了稻穗组成的嘉禾纹。各省铸造的铜币大多为两面交叉的国旗图案，并有“开国纪念币”或“中华民国铜币”等字样。

四、收藏铜圆需要关注的几点

1. 关注稀有版别。如四川官局造光绪元宝当制钱二十文铜圆，铸期短，存量少；光绪二十六年（1900）广东首次仿造香港辅币制成铜圆，正面为汉字“光绪元宝”和满文“广宝”，周围有“每百个换一圆”字样，背面中央刻蟠龙纹，周围有英文“广东一仙”，其样品罕见；1904年铸造的光绪元宝四川当三十文铜圆是四川铜币厂成立时所铸的样品，未经流通使用，有红铜和黄铜两种材质的，现已成为十分著名的铜圆珍品；在中国共产党领导的革命根据地铸造的铜币中，有些版别非常稀少，市场上很难见到。

2. 关注品相和外观。品相是藏品的生命。铜圆是用机器压制的，图案细微精致，线条较浅，容易磨损，尤其是凸出部位更易磨损，因而完好无损的很难找到。好铜圆的品相是：文字、花纹清晰，表面平整光洁，无明显磨损，等等。

3. 关注铜圆的锈色。铜圆最忌有锈，因为锈色会遮盖它的细微部分，影响观赏，其价值就会大打折扣。即使是普通品种的铜圆，只要品相好，也值得收藏，价值也较高。

4. 关注铜圆的材质。区分红铜、黄铜材质。多数铜圆是红铜材质，少见黄铜铜圆。黄铜铜圆只是当时某些省份为节约成本、获取利润而偷工减料铸造的，如奉天光绪铜圆中心“宁”字二十文等。另外，当时民间因为技术和原材料不到位，铸造的铜圆也以黄铜质的居多。

5. 关注铜圆的声音。辨声是鉴定伪钱币的方法之一。真的古钱币传世已久，冶铸时的火气已消失，敲击时无转音；而新铸的钱币虽然伪用了古代的年号，但敲击时必有转音。

总之，对于初学收藏的人来说，铜圆价格低廉，伪品少，投资风险不大，如果能以较低的价格买进，应该是很好的入门选择。

| 民国铜币一组 |

揭开民国党徽半分、壹分铜币的铸造之谜

一、民国党徽半分、壹分铜币的铸造背景

国民政府为了禁止各类铜圆流通，结束以制钱为单位的货币制度，使数十年的混乱币制得以统一，于1936年1月颁布了货币政策《辅币条例》，规定将铜币、镍币作为社会上主要流通的辅币。

《辅币条例》规定，铜币以“分”为单位。民国二十五年（1936）、民国二十六年（1937）由上海中央造币厂（当时为官方所认可的造币机构）铸造，分为半分、壹分两种铜币。其正面为国民党党徽及制造年份，背面为布币图案，两侧为半分或壹分的币值和图案，古朴而庄重，仿佛在诉说着一段鲜为人知的历史故事。

半分铜币是当时面值最小的货币，与壹分铜币的图案设计完全相同，只是币值上存在着“半分”“壹分”的文字差异。

民国二十六年，国民政府为巩固金融上的统治地位，强制用纸币取代铜币作为主流货币，再加上战乱等原因的影响，半分、壹分铜币停止铸造。因此，这两种铜币铸量少，发行期短，存世稀少，收藏价值较高。

与铜币同期铸行的还有民国二十五年发行的伍分、拾分和民国二十七年发行的廿分三种镍币（加起来共有五种面值的辅币）。

二、辅币的版别与材质

从民国二十四年（1935）到民国三十七年（1948），共出现了5种版别的辅币。

其中，两种铜质辅币：民国二十五年半分币、民国二十六年壹分币。三种镍质辅币：民国二十五年伍分币、拾分币，民国二十七年廿分币。

民国二十五年半分铜币属机制币，由上海中央造币厂制造。这种铜币面值虽小，但其制造工艺已经达到了民国时期机制币的顶峰。

不了解铜币的人可能会认为壹分币面值已经够小了，为什么还要铸造半分币呢？其实半分币的收藏价值远远高于其面值。如民国二十五年党徽半分币虽然不是当时市面上的主流货币，而是作为辅币发行的，但因铸量少，存世更少，所以珍贵至极。

三、民国二十五年伍分、拾分和民国二十七年廿分三种镍币存世量少的原因

民国后期，社会动荡不安，战乱频发，物价飞涨，民不聊生。民国政府为了控制金融市场的混乱局面，强制用纸币取代金属货币。所以，民国二十五年伍分、拾分和民国二十七年廿分三种镍币面临着和铜币一样的“命运”，铸期短，铸量少，存世相对稀少。

| 中华民国二十六年壹分铜币 |

直径 23.8 毫米
重 6.2 克

| 中华民国二十五年半分铜币 |

直径 19 毫米
重 3.4 克

| 中华民国二十五年伍分镍币 |

直径 18.5 毫米
重 3 克

| 中华民国二十五年拾分镍币 |

直径 21 毫米
重 6.1 克

| 中华民国二十七年廿分镍币 |

直径 24 毫米
重 5.93 克

中华民国三十一年（1942）“孙小头”半圆银币

孙中山是深受中国人民崇敬的伟大人物。近年来，随着收藏市场的持续发展，与孙中山有关的收藏品深受藏友喜爱。

中华民国三十一年“孙小头”半圆银币

银币图案精美，正反面边缘饰回形纹。正面中心为孙中山侧面像，上环“中华民国三十一年”字样；背面中央为布币图案，左右两边有币值“半圆”二字，字体清晰，形制规整，质地优良，纹饰刻制精细，熟坑，直观。银币历史痕迹明显，色泽自然，包浆温润，放在手心，一股沧桑之感扑面而来。中华民国“孙小头”银币素来壹圆的很多，半圆的极少。此品是值得收藏的钱币珍品。

直径 23 毫米
厚 1.8 毫米
重 8.4 克

中华民国三年（1914）四川军政府造“汉”字铜币（砂版）

1911 年 12 月发生了“成都兵变”，以尹昌衡、罗纶为正副都督的四川军政府取代了成立仅 12 天的大汉四川军政府。新的军政府成立后面临着沉重的财政困局，他们迅速接管了四川成都造币厂，铸军政府造四川铜币以应急。

铜币正面中央珠圈内有“四川铜币”四字，中心饰有芙蓉花纹。珠圈上方为“军政府造”四字，下方为币值“当制钱壹百文”，左右为花星纹饰。背面中央大圆圈内为篆书“汉”字，圆圈外环绕有 18 个小圆圈，代表着当时的 18 个省份，寓意为 18 省人民团结起来，共同为“驱除鞑虏，恢复中华”而战斗。此币铸造工艺落后，铜质粗糙，文字不精，却是辛亥革命时期波澜壮阔的历史的见证。发行量大，流通时间长，存世量多。

中华民国三年壹百文（甘肃砂版）

铜质，制作粗糙，文字不精，存世较多。

直径 38 毫米
厚 3 毫米
重 20.8 克

中华铜币贰拾文（甘肃砂版）

双旗铜币，国民党统治时期铸，铜质不精，制作粗糙。

直径 32.4 毫米
厚 2.8 毫米
重 12.7 克

| 伪满洲政府康德陶土币 |

康德十二年（1945），日本以伪满洲政府的名义发行了康德陶土币，这种货币是日本侵华战争的铁证，在抗战胜利后退出历史舞台。该币由于铸期短、数量少、发行范围小、易损坏而具有较高的收藏和研究价值。世界上只有伪满洲国和德国用这种材质铸币，堪称世界铸币史上的奇葩。

| 康德陶土币五分 |

陶质，正面上下分别为“满洲帝国”“康德十二年”，背面上下为云纹，左右两边为“五分”。品相较好，赤陶色包浆。

直径 22 毫米
厚 2.2 毫米
重 1.1 克

| 康德陶土币壹分 |

陶质，正面上下分别为“满洲帝国”“康德十二年”，背面上下为云纹，左右两边为“壹分”。龟裂磨损，赤陶色包浆。

直径 16 毫米
厚 1.9 毫米
重 0.7 克

| 陕西省造铜圆——地方军阀的短命宠儿 |

从清晚期到民国初期，陕西一直没能自主造币，所用铜币主要来自四川、山西等地。民国二十年（1931）国民革命军第 17 路军总指挥杨虎城主政陕西后，为了改变这一现状，在驻防汉中期间，设厂铸造二分、一分两种铜圆，二者的铸造比例约为 10：1；二分币铸量及版别（100 多种）比较多，一分币铸量及版别（30 种）比较少；铸造总量为 25 万～30 万枚，主要流通区域为汉中及其周边区县。据史料记载，陕西铜圆铸造、流通的时间很短。其原因有三点：

一是 1935 年年底南京政府为改变货币混乱局面，强制实行货币统一政策，禁止银圆和铜圆流通，大量发行法币（纸币）；

二是民国政府中央造币总厂铸造半分、壹分铜币，以及伍分、拾分、廿分镍币，强制在陕西境内普遍流通，并限制陕西省造铜圆继续流通；

三是陕西省造铜圆币值高于其含铜价值，行用很不顺利，加上流通区域不广泛，竞争不过当时民国政府发行的法币。

由于上述主客观因素的影响，作为陕西军阀主政的地方货币宠儿，陕西省造铜圆的存在只能是短暂的。

| 陕西省造铜圆二分 |

铜质，正面中央为中华民国双旗，背面中央为花草纹饰，自然磨损，熟坑，古褐色包浆，自然。

直径 32 毫米
厚 1.6 毫米
重 9.9 克

| 陕西省造铜圆一分 |

铜质，正面中央为中华民国双旗，背面中央为花草纹饰，自然磨损，熟坑，包浆深红入骨。

直径 27.2 毫米
厚 1.7 毫米
重 4.2 克

具有重要历史意义的中华民国开国纪念币

辛亥革命胜利后，中华民国政府成立，民主革命的先驱者孙中山及时提出了改变币制，铸造中华民国十文双旗铜币以取代大清铜圆的倡议。

民国铜币与大清铜圆的最大区别是龙纹换成了由稻穗组成的嘉禾纹。嘉禾在当时是吉祥的象征，代表了人们对中国美好未来的期望。

中华民国开国纪念币正面中央为两面交叉的国旗，上方为楷书“中华民国”，下方为“开国纪念币”。背面为稻穗组成的嘉禾纹，中间为“十文”。制作精美，图案考究，文字清秀，属于非常珍贵的历史纪念币，具有较高的收藏和欣赏价值。

中华民国开国纪念币

铜质，正面上书“中华民国”，中央为双旗，下书“开国纪念币”。背面为由稻穗组成的嘉禾纹，中间为楷书“十文”，上下环绕着英文。原坑，未使用，赤铜色包浆。存世较多，普品量大，精品稀少。

直径 28.7 毫米
厚 1.5 毫米
重 7.1 克

五十两银元宝的前世今生

银元宝作为中国特有的金属货币，从战国时期的银贝、银布到唐宋时期的银铤，再到明清时期的银锭，直到中华民国时期被废除，历经了约 2500 年的历史。

《隋书·和洪传》中有“金银各百挺（铤）”的记载。银铤主要出现在唐、宋、金、元时期，常见的有圆首束腰的、平首束腰的和弧首束腰的。这便是银元宝的雏形。

“元宝”一词始于元朝。据《元史·杨湜传》记载，至元三年（1266），杨湜任诸路交钞都提举，请以平淮库的白银熔铸成锭，重五十两，名曰“元宝”。这时的“元宝”一词含有“元朝之宝”的意思。后来“元宝”成了银锭的统称。

元宝由银铤转化而来，其特点是：个头高，长、宽比差小，两头翘起，圆腰，形似木船。目前所见的最大的银元宝重 1857 克。

明洪武年间，官府废钱用钞，停铸金属货币，银元宝的使用受到限制，元代遗留下来的部分元宝被毁掉，用于造器。这便是今天很少能见到元明时期的银元宝的缘故。

清朝建立之初，政权稳固，社会安定，经济逐步走向繁荣，白银成为主要的硬通货，银元宝的使用逐渐频繁起来。

到了清道光年间，银元宝遭到前所未有的冲击。原因有两个方面：一是中国逐渐沦为半封建、半殖民地国家，清政府的军事、经济开始滑坡，出现了银贵钱贱、白银短缺的银荒现象，银元宝的铸造因原料不足而减少；二是外国银圆以其铸造精美、便用方便受到国人的欢迎，在沿海城市出现了用洋钱换取银元宝的局面。

鸦片战争之后，各国列强逼迫清政府签订了一系列不平等条约，并争相在中国沿海开辟商埠。在商品贸易中，外国商人用含银 90%、含铜 10% 的银圆套购中国含银 100% 的银元宝，从而达到掠取银子的目的。

为了“维主权，存正朔”，对抗外国资本列强的经济侵略，铸造银圆成为当时清政府的一项急迫任务。

1890 年，广东省正式铸造发行银圆。正面铸“广东省造”，中间标有皇帝年号，下沿有“库平七钱二分”的字样。英文刻在背面外沿，中间是一个巨大的蟠龙图案。样式新颖，很受百姓欢迎。其他省以广东省的模具铸造本省银圆。新银圆因为比银元宝携带方便，换算更方便，社会各界都乐于使用，所以很快便流传开来。至此，银元宝开始逐渐退出流通领域。

银元宝在我国货币发展史上曾经充当过十分重要的角色，它们既是政府国库官银、财政收入的实物凭证，也是个人社会地位和财富的标志。它们寓意吉祥，象征着财富，每一锭银元宝不仅表明了银子的重量，更是述说着那些流金岁月里的故事和传说。古今人们都认为银元宝是富贵的象征，是代表着祥和、兴旺、镇宅生财的吉祥物。

银元宝不仅承载着丰富的历史和文化记忆，也是中华钱币中具有独特魅力、不可或缺的实物资料。

| 咸丰五十两银锭 |

上有文字“咸丰年月”“原始宝光”，晶莹透亮，银色凝重。

长 106 毫米

重 1857 克

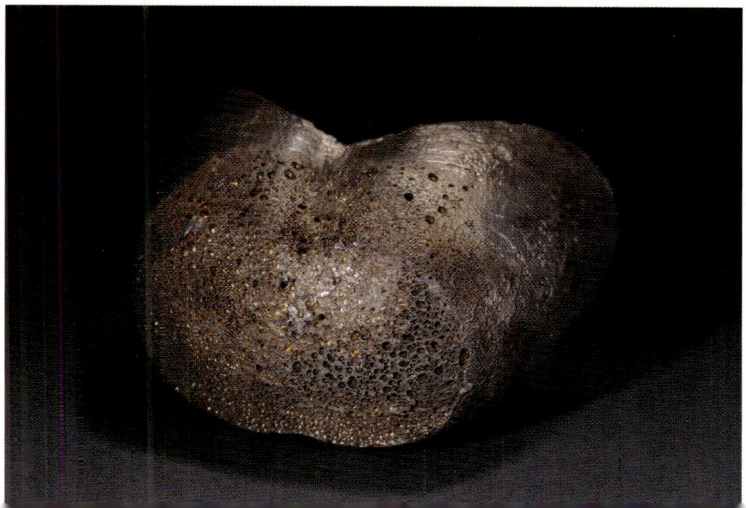

| 银锭（网络图片）|

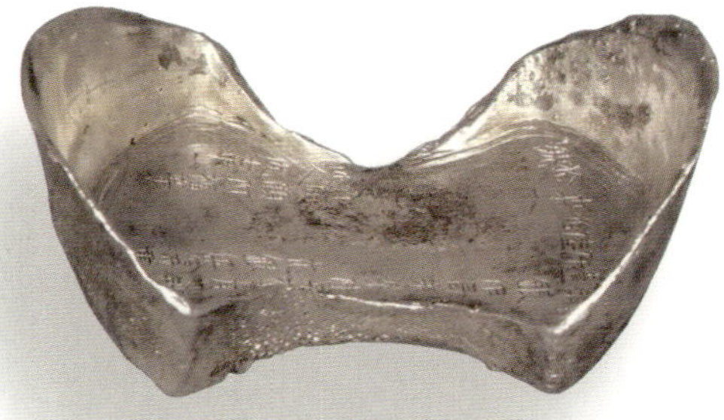

|银元宝、银锭|

岁月沉淀的银光，都是过往辉煌时光的信使。

清代银锭及银铤

云南马鞍形银锭大约流通于光绪初年至民国初年，是我国银锭中造型优美、铸造精良之佳品，成色好，信誉高。

喜庆吉言银锭由纯银打制，能够反映当时的民俗风情和文化传统。在民间婚礼等重要场合，喜庆吉言银锭常用于压包袱、压箱底，以表祝福。

清代十两银铤，清代中晚期由中央财政机构铸造发行，条状，大多以少量文字作为标号、暗记等，是当时流通领域中主要的大额货币之一，有很高的研究、观赏和收藏价值。

云南马鞍形十两银锭

上有文字“陈元昌号汇号纹银，官公估董福盛”。

长约 57 毫米
宽 36.2 ~ 37.8 毫米
厚 15.3 ~ 16.4 毫米
重 177 克

清代喜庆吉言银锭

长 32 毫米
重 44.5 克

清代越南铸十两银铤

长 112.1 毫米
宽 29.2 毫米
厚 14.2 毫米
重 341.9 克

| 陕西五两银锭，见证鸦片战争这段屈辱的历史 |

19 世纪中期，经过两次鸦片战争，西方列强撬开了清帝国的大门，鸦片被源源不断地输入中国，当时这种进口鸦片被称为“洋药”。同时，云贵高原一带也开始种植国产鸦片，这种鸦片被称为“土药”。

这一时期，陕西各州县流通三至五两椭圆形银锭（俗称“陕西五两银锭”）。这些银锭一部分用于大宗商品交易，一部分（如厘局、地丁、公银等）汇缴国库，而绝大部分用于支付当时的“鸦片税”。

鸦片税制不似关税或军饷等制度，而是陕西地方政府为当时鸦片交易特定的税制，强制规定须用硬通货银锭支付。这种税制在清朝前期是没有的，它体现了鸦片战争给民众带来的经济迫害和屈辱历史。

现存的陕西五两银锭已成为华夏民族遭受鸦片战争屈辱的至暗历史的实物见证。

陕西五两银锭：

| 西安省永兴庆 |

长 48 毫米
重 187.8 克

| 汉中府厘金局 |

长 44.8 毫米
重 143.9 克

| 省城厘金 |

长 47 毫米
重 130.4 克

| 扶风地丁 |

长 43.5 毫米
重 166.4 克

| 三水地丁 |

长 45.3 毫米
重 151.4 克

| 盩厔公银 |

长 45.4 毫米
重 149.7 克

| 乾武厘局 |

长 45.2 毫米
重 161.6 克

| 宜君县王具成 |

长 49.2 毫米
重 131.3 克

| 二十二年临潼张发 |

长 43.1 毫米
重 142.3 克

| 三十四年临潼张茂 |

长 44.2 毫米
重 135.3 克

| 盩厔匡兴 |

长 44.2 毫米
重 161.6 克

| 十年韩城李长 |

长 44.5 毫米
重 127.4 克

| 会镇（真）恒兴 |

长 41.5 毫米
重 130.2 克

镜面银锭：

| 延长县 |

长 44.8 毫米
重 159.6 克

（以上部分图片摘自中国钱币学会陕西分会编《元宝图录》。）

附录

汉唐遗风，明清传承

——西汉至民国花钱

| 花钱 |

花钱是我国民间百姓自娱自乐用的一种钱，始于汉代。这种钱虽然具有钱币的形态，但并不做流通使用，是钱币中的“非正用品”，因此材质大都比较粗糙，民间俗称为“花钱”，也称“压胜钱”。

花钱种类繁多，诸如开炉、镇库、馈赠、祝福、玩赏、戏作、配饰、生肖等都要铸钱，这种钱其实是专门满足某种需要的辟邪品、吉利品、纪念品。其中吉语钱是比较普遍的一类花钱，主要以“长命富贵”“福德长寿”“加官进禄”“天下太平”“长命百岁”等吉语为内容，反映出中国传统文化的渗透力和影响力。

汉代的挂花钱（一说为扣饰）、镂空龙凤双兽花钱，宋代的本命星宫十二生肖花钱和“长命富贵”背嫦娥玉兔花钱，元代的“富禄挂花”“山鬼辟邪，八卦乾坤”花钱，以及民国时期的“风花雪月”“状元及第”银质花钱等，都是历代花钱中不可多得的名誉品，深受花钱爱好者喜爱。

| 汉代花钱 |

| 汉代挂花钱 |

钱上有一大圆环，钱中央有一小方孔，面文为“日入千金，长毋相忘”。存世不多，较珍稀。

高 42.5 毫米
宽 23.5 毫米
重 5.7 克

| 汉代镂空龙凤双兽花钱 |

青白铜质，龙凤双兽盘旋，镂空雕刻，造型奇妙。

直径 61 毫米
孔径 11.7 毫米
厚 22 毫米
重 35.2 克

| 汉代镂空双龙戏珠花钱 |

青铜质，双龙盘旋造型，镂空铸造，黑漆古包浆，温润自然。

直径 55 毫米
孔径 9.1 毫米
厚 2 毫米
重 31 克

| 北周花钱 |

| 北周武帝建德三年（574）铸“五行大布”花钱 |

青铜质，面文为“五行大布”，背北斗七星龟蛇图案，青灰色包浆，翠绿锈，温润古朴。

直径 22 毫米
穿宽 5.4 毫米
厚 3.1 毫米

| 宋元花钱 |

| 宋元本命星官蛇花钱 |

青铜质，面本命星官符文，背天官执旗、北斗七星龟图案，黑漆古包浆，温润入骨。

直径 65.6 毫米
穿宽 12.4 毫米
厚 2.2 毫米
重 56 克

| 宋元本命星官龙花钱 |

青铜质，面本命星官符文，背天官龙符咒图案，黑漆古包浆，温润。

直径 48.3 毫米
穿宽 9.2 毫米
厚 2.6 毫米
重 28.4 克

| 宋元猪魁星挂语花钱 |

青铜质，面猪魁星挂语符文，背猪生肖图案，黑漆古包浆，自然。

直径 25 毫米
孔径 4.1 毫米
厚 1.6 毫米
重 5.2 克

| 宋元本命星官吉语花钱 |

青铜质，面本命星官吉语，背嫦娥玉兔图案，铸工粗，图像不清晰，灰青色点状红斑包浆，自然。

直径 36.3 毫米
穿宽 7.6 毫米
厚 2.3 毫米
重 11.9 克

| 宋元本命星官十二生肖花钱 |

青铜质，面本命星官十二生肖，背“兆魇”二字和人物图案，铜质粗，图像不清晰，钱体直径大，厚重，黑漆古包浆，自然。

直径 62.1 毫米
穿宽 7.9 毫米
厚 2.8 毫米
重 60.7 克

|“长命百岁，富贵长久”挂花钱|

青铜质，铸工粗，文字斜，包浆厚。

高 69 毫米
厚 2.4 毫米
重 39.4 克

|“金玉满堂，长命富贵”挂花钱|

铸造精良，图案清晰，熟坑包浆，温润。

高 74 毫米
厚 2.2 毫米
重 40.6 克

|十二生肖背八卦挂花钱|

青铜质，铸造精良，熟坑包浆。

高 67.9 毫米
厚 2.5 毫米
重 40.9 克

|“治邪斩杀”背八卦挂花钱|

青铜质，铸工粗，熟坑包浆。

高 51 毫米
厚 2.7 毫米
重 26.7 克

|宋代马钱|

|宋代马钱|

青铜质，铸造精整，图案奇异，造型潇洒，钱体厚重，黑漆古包浆，自然。

直径 31 毫米
穿宽 5.9 毫米
厚 2.8 毫米
重 14.6 克

|宋代马钱|

青铜质，图案造型美观，精致大气，包浆温润。

直径 25 毫米
穿宽 7.3 毫米
厚 1.3 毫米
重 4.5 克

清代山鬼花钱

“山鬼”一词，最早出自屈原《楚辞·九歌》。山鬼本是山神，只是未被天帝正式册封，所以只能称为“鬼”，深居幽谷之中，徘徊哀怨。屈原写作《山鬼》，表达的是山鬼爱而不得的哀怨之情。山鬼虽然名为鬼，实则为神。所以，世人为了求得山鬼的保护，便把其形象刻于钱币上，并对其名讳辅以道教咒语、符篆铸于钱币上，这便是山鬼花钱的由来。

山鬼花钱在清代铸行极盛，民间行用甚广，是道士用来施法降妖、镇鬼驱邪的载体，也叫“法器”。经道士开光后，百姓将其请回家中，挂于屋角、影壁之类的地方，作为镇宅之物，或将其佩戴在帽子、腰带上，随身携带，以保平安。一来其以美观的造型可以作为一种饰品，二来可以满足人们驱鬼辟邪的心理。带有八卦图案的山鬼花钱，更是其中的上品。

山鬼花钱正面是楷体阳文咒语，背面是八卦纹和“乾、兑、坤、离、巽、震、艮、坎”8个楷书阳文，代表着8个咒语方位的山鬼。

山鬼花钱

正面是楷体阳文咒语，背面是楷体阳文八卦纹饰。黄铜质，铸造精整，图案清晰，钱体大，厚重，包浆自然。

直径 58.7 毫米
孔径 9.3 毫米
厚 2.4 毫米
重 41.7 克

山鬼花钱

黄铜质，铸工粗，钱体厚重，熟坑包浆自然。

直径 47.8 毫米
孔径 9.2 毫米
厚 2.7 毫米
重 33.5 克

| 山鬼花钱 |

黄铜质，铸工精细，文字清晰，熟坑包浆。

直径 48 毫米
孔径 8.8 毫米
厚 2.2 毫米
重 26.4 克

| 十二生肖背八卦咒符花钱 |

黄铜质，边廓文字规整，图案清晰，钱体厚重，包浆自然。

直径 46.8 毫米
孔径 8.1 毫米
厚 3.1 毫米
重 36 克

| 十二生肖背八卦咒符花钱 |

黄铜质，宽边廓，圆穿，钱文清晰，钱体厚重，古铜色熟坑包浆自然。

直径 46.5 毫米
孔径 7.6 毫米
厚 3 毫米
重 35.7 克

| 十二生肖背八卦咒符花钱 |

黄铜质，铸造精整，文字、图案清晰，熟坑包浆温润。

直径 44 毫米
孔径 8.1 毫米
厚 1.7 毫米
重 16.4 克

| "状元及第，一品当朝"背一鹭连科花钱 |

黄铜质，文字、图案规整清晰，钱体厚重，包浆自然。

直径 48.2 毫米
孔径 8 毫米
厚 2.4 毫米
重 29.5 克

| "状元及第，一品当朝"背福鹿（禄）花钱 |

黄铜质，宽边廓，钱文清晰，图案新颖，古铜色包浆自然。

直径 44.2 毫米
穿宽 8 毫米
厚 1.9 毫米
重 18.3 克

| "龙飞凤翥"背龙凤纹花钱 |

黄铜质，宽边廓，钱文及图案清晰，包浆自然。

直径 33.7 毫米
穿宽 7 毫米
厚 1.2 毫米
重 7.4 克

| 中华民国“风花雪月”花钱 |

“风花雪月”花钱，俗称“春钱”“春宫钱”或“避火钱”。“风月”寓意为男女之间的情事，如《石头记》别称《风月宝鉴》。汉代的画像砖、画像石上都有男女秘戏图。唐代铜镜亦有背铸秘戏图者，寓意源于先民祈求生育繁衍、延续血脉。秘戏钱为祈求多子多孙的压胜品。

民国时期主要在东北（当时的伪满洲国）铸造此类花钱，一面铸男女交媾图像，一面铸“风花雪月”文字。早期的此类花钱两面均铸男女交媾图像，稍后出现了一面是文字“风花雪月”或“花月宜人”等的花钱。

|“风花雪月”花钱 |

银质，边廓、方穿规整，钱文及图案清晰，黑色包浆古朴自然。

直径 36.1 毫米
穿宽 8.6 毫米
厚 2.5 毫米
重 14.6 克

| 通过“状元及第”花钱窥探古代学子考中状元的艰难历程 |

现如今，每年高考都会有学子成为文科或理科状元，一时间，他们的家人和朋友无不感到欢欣鼓舞。然而，在中国古代科举考试中，学子要考中状元却千般辛苦、万般艰难。

中国的科举制始于隋朝，形成于唐朝，完备于两宋时期，鼎盛于明朝，至清朝趋于衰落，至光绪三十一年（1905）被正式废止。

科举进阶之路可谓漫长而艰难。考生需要经过六场考试，并取得三种阶段性的身份。六场考试分别是县试、府试、院试、乡试、会试、殿试，三种阶段性的身份分别是秀才、举人、进士。县试、府试、院试只属于初级阶段，目的是考中秀才。其实，考中秀才是一件相当不容易的事情。经过最初级的县试、府试两级考试，合格者才有资格成为童生。童生虽然听上去好像很年轻，其实它与年龄没有任何关系。升格为童生后，如果一直无法考中秀才，则终其一生都只能叫作“童生”。因此，曾经有人作过“行年七十尚称童，可云寿考；到老五经还未熟，不愧书生”的对联，来调侃那些直到白首也没能考中秀才的老年童生。

在院试中成绩优异者才能取得秀才的资格。考中秀才后，只能说科举的漫漫征途才刚刚开始，更大的挑战还在后面。在明、清两朝，学子考中秀才之后，通常会进入府学、州学、县学等国家官办的学习机构进行进一步的学习。因此通常也把秀才叫作“儒学生员”，简称“生员”。生员们在官办学校学习之后，还要参加选拔考试，只有成绩优异者才有资格参加更高一级的乡试。因此，并不是说考中了秀才就可以直接参加乡试。这里说明一下，乡试可不是指乡里举行的考试，而是指全省的统一考试，形式上有点类似今天的中考，考中者称为“举人”。乡试通常在秋天举行，因此也叫作“秋闱”。明、清两朝，乡试的录取率为5%左右。例如，明朝成化、弘治年间乡试的录取率大约为5.9%，嘉靖末年降为3.3%，而实际录取率可能还略低于此。乡试的第一名叫作“解元”，比如唐伯虎就是在弘治十一年（1498）考中应天府乡试第一的，因此世人称他为“唐解元”。

凡是考中举人的，就有资格参加更高一级的会试。会试在春天举行，又称“春闱”，地点是在京城的贡院。通过会试的人叫作“贡士”，会试第一名称为“会元”。考中会元的人还要参加殿试。殿试由皇帝亲自主持，就像会试的复试一样。殿试之后，所有被录取者才能叫作“进士”。进士又分为三个等级：一甲三名，赐进士及第，分别称为“状元”（如清末实业家张謇是光绪朝的状元）、“榜眼”（如晚清政治斗争中的关键人物之一文廷式是光绪朝的榜眼）、“探花”（如清末名臣张之洞是同治朝的探花）；二甲若干名，赐进士出身（如洋务运动的领袖李鸿章是二甲第十三名）；三甲若干名，赐同进士出身（如曾国藩是三甲第四十二名）。明、清两朝，会试的录取率通常只有10%左右，难度极大。

考中进士之后，还要参加朝考，这也是由皇帝亲自主持的。除了通常的文化课考试之外，还要“观其仪度，核其年齿”。也就是说，还要有面试这一关。相貌好的，年轻的，有培养前途的，才能入选。被录取者叫作“庶吉士”，进入翰林院学习。经过三年异常清苦的学习之后，还要进行考核，叫作“散馆”。成绩靠后的，会被派去中央六部或地方担任官职；成绩优等的，则会被授予侍讲、侍读这一类起草或勘校朝廷机要文件的重要工作，或者在詹事府参与太子的教育工作——这类工作十分接近权力中枢，因此明、清两朝的重臣多出身于翰林院的优等生行列。

由此可见，科举之路真是漫漫征途，不但需要博闻强识、才高八斗、学富五车，还得有坚强的意志力与健康的体魄，缺一不可。这绝对不是一般人能做到的。

“状元及第”花钱的由来：在明、清两朝，考生参加科举考试之前，他们的家人期盼他们能够中状元，因此民间多铸造相关花钱以表达希望。例如，清代的“状元及第，一品当朝”花钱就反映了人们对金榜题名的美好愿望。

“状元及第”花钱的含义：“状元及第”花钱是记录我国古代科举考试的实物资料。所谓“朝为田舍郎，暮登天子堂”，“状元及第”花钱象征着功名和高官厚禄。

“状元及第”花钱的收藏价值：“状元及第”花钱是民俗钱，因为不用于正式流通，所以在历史上很长时期不被官方重视，但这丝毫不影响其在民间发挥重要作用。因为很少受到政治等因素的影响，这类花钱更接地气，展现了民俗文化的魅力，比官方铸造的行用钱更富于生命力。近年来，随着大众对中国传统文化的重视和民俗文化的繁荣，此类藏品越来越受到收藏爱好者的重视。

“状元及第”背彩图花钱

银质，圆形，方穿规整，正面文字布局工整，丰润遒劲，新颖别致。背面彩图为桃花纹饰，寓意为福禄寿。银色包浆自然，古朴深沉，品相完好，制作精细，可谓花钱中之佳品。

直径 36.8 毫米
穿宽 8.9 毫米
厚 1.6 毫米
重 9 克

| 中华民国“长命富贵”背花花钱 |

中华民国“长命富贵”背花花钱属压胜钱。压胜钱名曰钱，实际上并不作为货币流通，而是一种饰物，主要用于辟邪禳灾和喜庆祈福。

西汉武帝时期，每当宫廷有祭典活动，都要专门铸造一批压胜钱，悬挂在宫灯下。至明、清时期，这已逐步形成一种惯例。每逢新皇帝登基，都要铸造一批精美的压胜钱。这种惯例逐渐进入民间，相习成俗，反映了人们祈求太平盛世的美好愿望。

压胜钱种类繁多，有赏赐钱、吉语钱、庙宇钱、撒帐钱、生育钱、图案钱、符咒钱、洗心钱（儿童上学、成年人洗心）、洗儿钱（婴儿满月洗浴，宾客赠给婴儿的钱）、春钱、五毒驱邪钱等。宋、元以前，压胜钱主要是钱文压胜钱，其中“长命富贵”四字吉语最为常见。宋、元以后，压胜钱发生了变化，主要是色彩更为浓厚的吉祥压胜钱、道教压胜钱、佛教压胜钱等。

压胜钱大多用铜铸成，少数用金、银、铝铸成。外形也突破了圆形方穿的单一性，发展出圆形圆穿、星形、刀形等形状。

| “长命富贵”背花花钱 |

银质，圆形，方穿，打制而成，外缘修剪，轮廓不甚周正。钱文“长命富贵”四字从上至下，直读。据考古资料可知，此种读法罕见。数量极少。

直径 62.3 毫米
穿宽 10 毫米
厚 1.3 毫米
重 32 克

| “阿弥陀佛”背“将军箭”花钱 |

黄铜质，令牌状，为佛教行法事的通行凭证。

长 55.6 毫米
厚 2.3 毫米
重 26.1 克

编后语

觅得善泉作文章

20世纪80年代初，和许多初入收藏界的朋友一样，我只是带着一种朦胧的期盼和对中国传统文化的尊崇，喜爱上了古钱币收藏。

每每在博物馆的玻璃柜前，欣赏秦半两的凝重浑厚，唐开元通宝的刚健含蓄，宋崇宁通宝、宋元通宝、大观通宝的气势磅礴或隽永流畅，往往会激发“好古敏求，最所钟情”的意愿，从此开启了40多年的古钱币收藏历程……

至今仍记得，每逢周六、周日，清晨四五点便骑上自行车赶往西安市小东门古玩市场，从“鬼市”的钱贩子手上倒腾古钱币。那时凭运气和眼力买东西，离开摊位，真假自负，买定离手。

一天早晨，我正转悠，突然看见城墙角处一中年男子摊开一个双人床单，上面堆放着足足几百斤古钱币。“老板，咋卖？”“10元一堆，随便挑！论个儿卖，大的1毛，小的5分。”哎呀，第一次看见这种场面，分外激动，于是手脚并用，不分大小，买了几十斤。就是这次，非常幸运地从中挑出了一枚大观通宝小平行书钱和崇宁重宝背“十”珍稀钱，真是“生手揭疙瘩”！

自从有了这个爱好，几十年来，每逢节假日，不管是阴晴风雨，还是出差去外地，只要有时间，我就会去古旧物品市场转转。西安中北古玩城、八仙庵、大雁塔、小东门及西南城角古玩市场，我更是经常光顾。也曾在小孩子踢的鸡毛毽子上发现过古币，在农家的竹门帘上取过麻钱，在老大爷的旱烟袋上讨要过康熙通宝，在集镇中药铺的药匣上找到过货布……在冥冥之中，大千世界，寻觅着我喜欢的“麻麻钱”。

1993年春节假日，早上下着小雪，我骑自行车去八仙庵古玩市场，只见一个钱币店老板正在搬弄着一个钱坨子，折腾半天才拆出两枚字口清晰的一化钱。我跟他讨价还价后用10元买下。当时，手握着这两枚一化钱，看着外面漫天的飞雪，我仿佛穿越千年时空，与远古先人进行了对话，霎时间涌出无尽的遐思与陶醉……

有一年，在榆林古玩城花30多元买了20多枚残破的平首尖足布，几年后被山西来的专家艾亮一眼认出其中一枚繁寺尖足布，估价万元！此事让我几个月都像含了蜜一样，心里甜滋滋的。

去成都出差时，在送仙桥古玩城买了一对横竖汉兴钱，从此有了中国最早的年号钱。

那些年经常去宝鸡出差，曾在火车站边的钱币店用10元钱买了20枚榆荚半两，回来在放大镜下竟发现有4枚传形半两；又花60元买了两枚契刀五百；在陇县以2毛钱一枚的价格，买了70枚小泉直一；花50元买了10枚货布……现在想想，这简直不可思议。

去兰州讲课，在古玩市场收到了古丝绸之路打制贵霜－萨珊古币，清代咸丰元宝宝巩当百、当五十直钩版和弯钩版。

在乌鲁木齐培训期间，去二道桥大巴扎淘到几十枚清代新疆红钱。

在拉萨八角街古玩城，用20元买了一枚乾隆宝藏五十九年打制银币。

在长春参观伪满洲国皇宫时，在文物店用10元钱买到两对用陶土制作的康德壹分、五分钱币。由此联想到自中国首位皇帝秦始皇的秦半两开始，至末代皇帝溥仪的康德钱而终的2000多年的钱币史，不禁感慨万分！

在北京报国寺，我曾经用极低的价格买了5枚齐刀币，现在其中一枚节墨之法化的价值便可抵当年购买5枚齐刀币的全部费用。

如今，这种闭眼买的时代一去不复返了。

也就在那些年代，很多钱币商店门前整脸盆地放着五铢钱而无人问津，一串串半两钱没人挑选。更有趣的是，我在废品收购站用十几元钱买过两大蛇皮袋麻钱；花几分钱买一枚宋钱，买一万枚才用了十几元钱，跟白捡一样。便宜的原因是这些钱币在市面上数量太多了。

守着陕西这块风水宝地，面对丰富的历史文化资源，我当时宁可少陪家人逛商场，少买一双袜子、一支牙膏，也要挤出钱来买古钱，为此也产生过不少家庭矛盾。

收藏，既是充满诱惑又永远无法停止的游戏，也是布满荆棘和陷阱的深渊。即使你才高八斗、学富五车，在浩如烟海、五花八门的历史遗存面前，也会感到知识的贫乏和自身的浅薄。

回想我的“钱”半生，尽管古钱币收藏是个人的业余爱好，但一不留神踏上这条路，肯定要经历欢乐与痛苦、兴奋与焦虑、得意与懊恼。曾记得，偶见一枚咸丰重宝当五十，要价200元，嫌贵没买；一品大观通宝折三铁母，要价500元，却只留下照片而放弃了铁母；因固执己见、捡漏心切而购得赝品，那可真是折磨人呀！

为了丰富自己对中国历史文化的认知，陕西历史博物馆每年更换展品时，我必去观摩学习，领悟展品的文化内涵。也曾在西安碑林博物馆、昭陵博物馆的文史宝库中吸收营养，以充实、提高自己的文化素养和历史知识。

通过收藏古钱币，我领悟到：人活在世上，就要把人生看成一段精彩的过程，而在这个过程中，如果自己喜欢的宝贝能带来心灵深处不同寻常的愉悦，应该也足矣。

退休后，一直想把自己的收藏感悟和藏品知识与大家分享，遂编著了《善泉稽注》。有两个心愿：一是对几十年古钱币收藏经历做总结，二是为藏品定归宿。

我常常思考：收藏的最高境界是什么？是力争做一个有品位、有格调的人，还是做一个碌碌无为、无所事事的人？所谓品位，是指人的内在素养。所谓格调，是指人通过社会活动体现出来的修养和气质。民国时期“超怪”收藏家王亢元先生家财万贯，收藏中国近代金银币从不讨价还价。可是他经常坐电车回家，因为车票要 7 分钱，他总是先走一站路再乘电车，车票就只要 4 分钱。然而，他又会不惜以洋房换取一枚心爱的钱币，更是将其价值连城的藏品捐献给国家。其行为是对“品位在于人，格调在于物”最好的诠释。

品位是人生的艺术，格调是生活的境界。任何宝贝都是身外之物，生不带来，死不带去。再值钱的玩意儿到您手上，也不过是过过您的手，养养您的眼，让您在有限的生命里获得某种满足感而已，因为这些宝贝最终指不定会落到什么人的手上呢。

任何玩意儿，不管价值如何，都是有形的、物质的，都是身外之物；而境界是无形的、精神的，是属于自己的。所以说，收藏玩的不是结果，而是过程，更是一种境界。

所以，我赞同“玩者有道，视物为玩，方称为家”的说法，因为有道才能心平气和，神闲气定，静观万物，让得失宛如一阵清风，把成败视如一缕烟云。

透过古币看历史，方圆乾坤一寸间。古钱币既是物质的、有形的，也是精神的、无形的；既可供老少把玩，又雅俗共赏。我虽年逾七秩，也要自勉有道，自励有品，有自己的奋斗目标和理想！

人世间只有一种成功，就是以自己喜欢的方式度过一生。

重要声明